Christine Lendt

Ab in die Ferien

Nordsee

Urlaubsspaß für die ganze Familie

BRUCKMANN

Inhalt

SCHLESWIG-HOLSTEINISCHE NORDSEEKÜSTE

Strandkörbe gibt es an vielen Nordseestränden, aber auch reichlich Gelegenheiten, eine mitgebrachte Strandmuschel aufzustellen – wie hier in Sankt Peter-Ording.

DIE NIEDERSÄCHSISCHE KÜSTE

Vorwort

Traditionelle Seebäder und kleine Hafenorte, zwölf Inseln, so verschieden wie Geschwister, und die Welt der Halligen. Nordfriesland und Ostfriesland ... dazwischen weitere spannende Regionen ... Wo soll man da nur anfangen, was ist da anders als dort? Diese Fragen stellen sich viele, die einen Nordseeurlaub planen, besonders, wenn etwas für die ganze Familie dabei sein soll.

Auf eines kann man sich an der Nordsee verlassen: Der nächste Sandstrand ist meist nicht weit, und oft sind hier auch »grüne« Strände zu finden.

Dieses Buch soll die Entscheidung erleichtern. Es stellt viele schöne Ferienziele an den Nordseeküsten Schleswig-Holsteins und Niedersachsens vor, gibt dabei besondere Tipps für Ausflüge und Touren mit Kindern und auch für einiges, was Eltern »trotz Kindern« gesehen haben sollten. Vieles davon lässt sich in einem Urlaub miteinander verbinden. So kann eine Ferienwohnung oder ein Campingplatz an einem Küstenort wie Sankt Peter-Ording oder Bensersiel als Basislager dienen, von dem aus sich weitere Badeorte, Friesendörfer, an Kultur reiche Hafenstädte und auch Inseln bei Ausflügen erkunden lassen. Vieles ist auch mit dem Fahrrad oder sogar per Kanu möglich.

Die Nordseeküste ist so vielfältig, dass sie sich immer wieder als Reiseziel lohnt, immer wieder für neue Erlebnisse und Eindrücke gut ist. Und natürlich passt sie kaum in ein Taschenbuch. So ist dies als Auswahl zu verstehen, die sich durch weitere Erkundungen im Urlaub noch bereichern lässt. Schließlich sind Ferien immer auch eine Zeit für Schatzsucher und Entdecker ...

Viel Freude beim Erleben und schöne Ferien wünscht Ihnen
Ihre Christine Lendt

Land und Kinder

Die Nordsee – Weltnaturerbe Wattenmeer

»Huch, hier ist ja gar kein Meer!«, hört man empörte Urlauber mitunter rufen, wenn sie zum ersten Mal an die Nordsee kommen. Den wohl allermeisten aber ist bewusst, dass das Meer sich hier täglich weit zurückzieht, um dann wieder wellenreich heranzurauschen. Die Gezeiten (auch Tiden genannt), das Wechselspiel von Ebbe und Flut, machen diese Küsten gerade zu etwas Einmaligem. Und das Meer ist natürlich auch bei Ebbe noch da, man muss dann nur ein Stück weiter laufen, um es zu sehen. Dafür liegt das Watt frei und bildet eine riesige Spielfläche aus Schlick und fein geriffeltem Sand. Wo sonst könnte man auf dem Meeresgrund spazieren gehen und auch als Erwachsener sich fröhlich mit Matsch beschmieren, ohne dass sich jemand darüber wundert? Und staunen ... Als eines der weltweit größten gezeitenabhängigen Feuchtbiotope beherbergt das Wattenmeer eine besonders große Artenvielfalt mit Tieren, die über besondere Fähigkeiten verfügen: Sie müssen schließlich sowohl im Wasser als auch auf der trocken fallenden Fläche überleben und haben dazu einige Strategien ent-

Und an den allermeisten Stränden – oder zumindest in der Nähe – gibt es auch mindestens einen Spielplatz.

wickelt. Zum Wattenmeer gehören Lebensräume wie die Salzwiesen, Marschflächen, Dünen und Sandbänke.

Weil es so einzigartig ist, wurde das Wattenmeer im Juni 2009 von der UNESCO zum Weltnaturerbe ernannt. Die Bundesländer Schleswig-Holstein, Niedersachsen und Hamburg sind jeweils für einen eigenen Nationalpark zuständig, wo zahlreiche Schutzstationen eingerichtet wurden. Dort kann man sich über Flora und Fauna informieren, an Aktivitäten wie Wattwanderungen teilnehmen und teils auch Ausstellungen besuchen.

Den Lebensraum Wattenmeer entdecken – das macht die Nordsee so einmalig.

***Oben:* Die «Häuser auf Stelzen» sind typisch für Sankt Peter-Ording.**

Das Wattwandern zählt zu den schönsten Dingen, die Nordseeurlauber unternehmen können. Es kann aber gefährlich werden, wenn man unüberlegt loszieht, denn das Meer und die Witterung werden oft unterschätzt. So kann plötzlich Nebel auftreten und es bilden sich bei auflaufendem Wasser Priele, kleine Flüsse im Watt, die tief werden und Strömungen bilden – und womöglich den Weg zurück zum Strand abschneiden, sofern man nicht rechtzeitig zurückkehrt. Daher gilt: Solche Touren immer mit einem kundigen Wattführer unternehmen! Die wissen außerdem auch eine Menge über die Tierwelt zu erzählen. Angebote gibt es reichlich an den Küstenorten. In unmittelbarer Strandnähe auf eigene Faust herumzuspazieren oder dort im Watt zu buddeln, ist normalerweise unbedenklich. Dies sollte bei ablaufendem Wasser, also Ebbe, erfolgen, und das wiederkehrende Meer sollte man natürlich genauso im Auge behalten wie die eigenen Kinder.

Wer entdeckt die »Small Five«?

Es macht auch Spaß, gemeinsam im Watt nach den Small Five, den »kleinen Fünf«, Ausschau zu halten. So lautet der Sammelbegriff für die fünf bedeutsamsten Tiere des Wattenmeeres. Und zwar sind dies der Wattwurm (Arenicola marina), die Gemeine Herzmuschel (Cerastoderma edule), die Gemeine Strandkrabbe (Carcinus maenas), die Gemeine Wattschnecke (Hydrobia ulvae) und die Nordseegarnele (Crangon crangon). Wer entdeckt sie als Erstes? Und wer findet heraus, was nun wirklich eine Krabbe ist? Hier schon einmal die Lösung: Das sind die auch als Krebse bezeichneten Tiere, während die, die auf das Brötchen kommen, in Wirklichkeit Nordseegarnelen sind. Die Small Five spielen eine wesentliche Rolle im ökologischen Gefüge dieses Lebensraumes. Sie fressen Plankton und Algen, die im Wasser und auf dem Watt vorkommen, und dienen selbst wiederum als Nahrung für Vögel und Fische.

Im Museum Kunst der Westküste auf Föhr können Kinder an tollen Workshops teilnehmen.

Das Wattenmeer erstreckt sich entlang der gesamten Nordseeküsten Schleswig-Holsteins und Niedersachsens; daran anschließend setzt es sich jeweils an der dänischen beziehungsweise niederländischen Küste fort. Dabei liegt der Tidebereich, also die Zone, in der sich die Auswirkungen von Ebbe und Flut besonders bemerkbar machen, in dem Streifen zwischen dem Festland und den äußeren Inseln. Zur offenen Nordsee hin dagegen beginnt der sogenannte Offshore-Bereich mit tieferem Wasser. Auf vielen Inseln liegen hier die allerschönsten Sandstrände mit Brandungszone und höheren Wellen, während die dem Festland zugewandte Seite meist ideal für Wattwanderungen ist, weil dort bei Ebbe ganze Flächen trockenfallen. Das geht so weit, dass man dann teils sogar von Insel zu Insel laufen kann, etwa von Amrum nach Föhr.

Strände können auch grün sein

Viele Ferienorte an der Nordseeküste punkten mit herrlichen Sandstränden, oft gesäumt von Dünenlandschaften, Salzwiesen und Kiefernwäldchen. Besonders auf den Nord- und Ostfriesischen Inseln sind solche Strände zu finden, darunter Giganten wie der Kniepsand auf Amrum – einer der breitesten Strände Europas – oder der 17 Kilometer lange Sandstrand von Juist. Doch auch an einigen Orten am Festland gibt es schöne Sandstrände mit Dünen, etwa im nordfriesischen Sankt Peter-Ording. Genauso findet man an der Nordsee aber auch »grüne« Strände, also mit Liegeflächen aus Gras – entweder direkt auf den Deichen oder als flacher Küstensaum. Das ist beispielsweise in Büsum der Fall und komplett auf der Insel Pellworm. Oft sind auch beide Varianten vorhanden. So liegen im ostfriesischen Badeort Norden-Norddeich oder auch in Cuxhaven sandige Bereiche und Grünstrände nebeneinander. Es ist letztlich eine Frage des Geschmacks, ob man Burgen bauen und Sand unter den Füßen spüren

Der Südstrand von Föhr lädt zu Spaziergängen ein. Brandung und Wellen indes gibt es hier – anders als auf Sylt oder Amrum – kaum.

möchte oder lieber auf das kribbelige Gefühl verzichtet und darauf, immer wieder das Handtuch ausschütteln zu müssen. Strandkörbe, Gastronomie und Wassersport jedenfalls sind auch an vielen grünen Stränden vorhanden.

Das »Deichschwein« trifft man bei einem Nordseeurlaub ziemlich sicher an.

Oben: In »SPO« gibt es natürlich auch eine Eisbude direkt am Strand.

Das Binnenland erkunden

Ferien an der Nordsee bedeutet keineswegs nur Strandurlaub, es sei denn, man möchte es so. Es lohnt sich aber, auch Ausflüge ins Binnenland zu unternehmen, sich Friesendörfer und Kulturlandschaften anzusehen oder die besonders für Ostfriesland typischen Sielorte: Diese oftmals malerischen Hafendörfer, zu erkennen an der Endung »-siel« reihen sich dort entlang der Nordsee, prägen eine Landschaft mit Häfen und Kanälen. Solche Namen sind vereinzelt auch in Nordfriesland zu finden. Die Endung steht für ein Entwässerungssystem. Viele der heute hinter Deichen liegenden Landflächen hat der Mensch über Jahrhunderte dem Wattenmeer abgerungen. Die Wasserläufe der Siele leiten das sich ansammelnde Wasser in die Nordsee und verhindern zugleich, dass Meerwasser ins Binnenland gelangt. Dieser Durchlass ist häufig mit einer Schleuse und einem Hafen verbunden. An der Schleswig-Holsteinischen Nordseeküste indes begegnet man der Endung »-koog« besonders häufig. So heißt hier das durch Deichbau und Entwässerung aus der See gewonnene flache Marschland, das in Ostfriesland wiederum meist Polder (plattdeutsch: Poller) oder auch Groden genannt wird.

Die Inseln und Halligen

Besonders reizvoll ist ein Urlaub auf einer der vielen Nordseeinseln, allein schon wegen der Überfahrt mit der Fähre. Oft lohnt sich aber auch ein Tagesausflug bei einem Urlaub an der Festlandsküste. Dabei hat man wirklich die Qual der Wahl, denn jede Insel ist besonders. Das gilt sowohl für die fünf Nordfriesischen Inseln – das schillernde Sylt, das wildere Amrum, das grüne Pellworm und das ländlich-idyllische Föhr; auch die Halbinsel Nordstrand zählt mit zu dieser Inselkette. Ähnlich verhält es sich bei den sieben bewohnten Ostfriesischen Inseln mit den großen Seebädern Norderney, Langeoog und Borkum sowie unbekannteren Perlen wie Baltrum und Spiekeroog.

In Nordfriesland kommen obendrein die Halligen dazu, jene winzigen Inselchen, auf denen nur wenige Häuser stehen, auf kleinen Hügeln (Warften) vor Fluten geschützt. Sie sind ein Erlebnis für sich. Auf einigen Halligen wie etwa Hooge kann man auch einen ganzen Ur-

Kleidung wie diese kann sinnvoll sein, also wird sie auch vor Ort gern mal zum Verkauf angeboten.

Oben: So schmecken Krabben – genauer: Nordseegarnelen – am besten: Frisch vom Fischer, hier in Husum, und zum selbst Pulen.

Strandkörbe sind ungemein praktisch und sie lassen sich so hindrehen, wie es gefällt.

laub verbringen. Andere kleine Inseln und Halligen wiederum dürfen nur mit Ausnahmegenehmigung betreten werden, teils auch bei geführten Wattwanderungen. Das gilt zum Beispiel für die unbewohnte Ostfriesische Insel Minsener Oog oder die Hallig Südfall. So sind hier Ausflüge mit besonderen Naturerlebnissen möglich. Also fährt man am besten öfter an die Nordsee und findet seine Lieblingsinsel heraus!

Einfach zum Kuscheln: das »Deichschwein«

Gemeint ist das Schaf, das hier liebevoll diesen Spitznamen erhielt. Besonders in Schleswig-Holstein wird man ihm mit Gewissheit beim Nordseeurlaub begegnen. So soll es in Nordfriesland einem Spruch zufolge mehr Schafe als Einwohner geben. Das stimmt zwar nicht ganz, aber fast: Rund 160 000 dieser Tiere stehen rund 166 000 Einwohnern gegenüber. Als grasende Wollknäuel prägen sie das Bild der Nordseeküsten wie der Leuchtturm und die Möwen. Die auch in Niedersachsen vielerorts anzutreffenden Tiere liefern kuschelige Produkte, manch ein Souvenir und auch kulinarische Spezialitäten. Nebenbei sind sie als Landschaftspfleger unentbehrlich, indem sie von Frühjahr bis Herbst das Gras auf den Deichen »mähen« und für eine natürliche Düngung sorgen.

Auch die Deiche selbst lohnen eine Erkundung. Häufig führen Spazierpfade über ihre Krone, mit weiter Aussicht über die Marschlandschaft und das Wattenmeer. Dabei geht es auch mal mitten durch eine Schafherde, vorsorglich weisen Schilder dann oft auf ein Betreten auf eigene Gefahr hin. Doch die gutmütigen Tiere kümmert der Besuch in der Regel nicht, man sollte sich natürlich rücksichtsvoll verhalten. Im Frühjahr, wenn die »Osterlämmer« auf den Deichen stehen, ist es besonders schön.

Bei Wind und Wetter

Es gibt kein schlechtes Wetter, nur unpassende Kleidung. Diese Floskel sollte man beim Kofferpacken für die Nordsee im Hinterkopf haben. Was nicht bedeutet, dass es hier öfter regnet als andernorts. Doch das Wetter kann an der Küste schnell umschlagen, oft ist es etwas rauer und windiger als im Binnenland. So hat sich besonders im Frühjahr und Herbst der »Zwiebelschalen-Look« bewährt, etwa mit T-Shirt, wärmerem Pullover und Windjacke darüber, sodass man immer passend gekleidet ist. Denn selbst wenn es ordentlich pfeift, wärmt die Sonne im geschützten Strandkorb oft viel mehr als erwartet. Zu heiß oder schwül wird es selten, bei Temperaturen von durchschnittlich bis um die 25 Grad ist es an der Nordseeküste auch im Hochsommer noch gut auszuhalten. Und mit der passenden Kleidung ist auch ein Winterspaziergang an der Küste ein Erlebnis, wenn man in der salzigen Brise Muscheln oder Steine sammelt und anschließend einkehrt auf einen original Friesentee oder eine heiße Schokolade ... einfach herrlich! Beim Wetterbericht gilt zu beachten, dass es sich auf den Inseln ganz anders verhalten kann als vorhergesagt oder auf dem Festland. Also sollte man am besten immer auf alles eingestellt sein und auch im Sommer an ein Halstuch sowie eine leichte Mütze oder Kapuzenjacke denken.
Besonders im Herbst und Winter kann es auch mal heftiger stürmen, dafür gibt es nun umso häufiger die Gelegenheit, einen Drachen steigen zu lassen. An den Küstenorten hat man sich außerdem auf alles eingestellt mit Angeboten auch für regnerisches Wetter wie Naturerlebniszentren, Meerwasserschwimmbädern und Wellnesseinrichtungen. Letztlich ist entscheidend, ob man einen Badeurlaub mit Hafenfesten und allem Drum und Dran erleben möchte, dann sind die Sommerferien ganz klar die ideale Reisezeit. Allerdings wird es dann auch voll und man sollte frühzeitig buchen. Möchte man hingegen viele Ausflüge, Wanderungen und anderes unternehmen, sind wiederum Frühjahr und Herbst besonders schöne Reisezeiten. Beliebt sind auch die Weihnachtsferien, um die Feiertage zum Jahreswechsel an der See zu verbringen und dick eingepackt bei Spaziergängen das verschneite oder gefrorene Watt zu erkunden.

Festland oder Fähre?

Natürlich bekommt man an den Promenaden auch alles, was zu einem Strandtag gehört.

Oben: Die Nordseeinseln (hier Föhr) sind landschaftlich besonders reizvoll.

Die Küstenorte sind gut an das Verkehrsnetz angebunden, wobei die Anreise mit dem Pkw zumindest auf den letzten Kilometern oft ein gutes Stück Landstraße bedeutet. Das ist schön zum Gucken, kann sich aber etwas in die Länge ziehen, da es häufig durch Agrarland mit entsprechend hohem Aufkommen von Traktoren (hier sagt man Trecker) und anderen gemütlichen Fahrzeugen geht. Bis dahin kann man in Schleswig-Holstein der Autobahn A 23 Richtung Husum folgen und ihrer Verlängerung, der Bundesstraße B 5, die weiter bis zur dänischen Grenze führt. Zu den Nordfriesischen Inseln geht es je nach Ziel ab Nordstrand (Fähre nach Pellworm und zu den Halligen) oder Dagebüll (Fähre nach Föhr und Amrum). Sylt bildet eine Ausnahme, hier verkehrt ab Niebüll der Autozug SyltShuttle. Eine Verbindung mit der Fähre gibt es auch, jedoch über die dänische Nachbarinsel Rømø, die wiederum über einen befahrbaren Damm mit dem Festland verbunden ist und übrigens auch schöne Strände hat. Zu einigen Nordseeinseln gibt es auch Flugverbindungen, etwa nach Sylt, Juist oder Baltrum.

Schleswig-Holstein und Niedersachsen sind nahe der Elbmündung über die Elbfähre Glückstadt-Wischhafen verbunden (www.elbfaehre.de). Das spart den Weg über Hamburg, kann aber in der Hochsaison lange Wartezeiten bedeuten.
In Niedersachsen, wo (Ost-)Friesland den Großteil der Ferienorte ausmacht, verbindet ein Netz aus Autobahnen die Hauptregionen mit der Stadt Bremen im Mittelpunkt. Hier hängt es davon ab, ob man eher aus dem äußersten Westen (A 31), der Mitte (A 1 und A 29) oder Richtung Osten (A 7 und A 1) anreist. Im Anschluss geht es über Bundes- und Landstraßen bis an die ostfriesische Küste, an der eine schöne Strecke die Sielorte miteinander verbindet. Von diesen wiederum starten die Fähren zu den Ostfriesischen Inseln – und zwar zu den jeweils direkt vorgelagerten Inseln, also geht es etwa von Norden-Norddeich nach Juist und Norderney oder von Bensersiel nach Langeoog. Allein Borkum ist über Emden zu erreichen. Die Inseln Juist, Baltrum, Spiekeroog und Wangerooge sind autofrei, hier geht es mit der Kutsche voran.
Westlich der Weser, also außerhalb Ostfrieslands, führt die A 27 direkt nach Bremerhaven und Cuxhaven. Wer nach Helgoland möchte, kann von jeweils mit der Personenfähre starten. Die Hochseeinsel ist außerdem ab Hooksiel (Ostfriesland), Büsum (Schleswig-Holstein) und Wedel bei Hamburg zu erreichen.

Mit Bahn und Bus

Als Alternative bietet sich die Anreise mit der Bahn an. Die größeren Ortschaften sind oft über Direktverbindungen von vielen deutschen Städten aus zu erreichen. Bei einigen Zielen kann es aber auch eine zeitaufwendigere Anfahrt mit Regionalzügen und mehrfachem Umsteigen bedeuten. Andererseits staut es sich gerade zu den Ferienzeiten auch oft auf den Autobahnen und im Zug kann man herumlaufen, so ist dies für Familien doch meist die bessere Wahl. Wer allerdings viele Ausflüge auch an abgelegene Orte unternehmen möchte, mag auf das eigene Auto vielleicht kaum verzichten, wobei man wiederum vor Ort auf einen Leihwagen oder Fahrräder umsatteln kann. Speziell in Ostfriesland gibt es als Besonderheit obendrein den Urlaubsbus (ganzjährig), mit dem Übernachtungsgäste für pauschal zwei Euro pro Person und Strecke die ostfriesische Halbinsel kreuz und quer erkunden können.

Die passende Unterkunft finden

Auf die Frage nach der idealen Bleibe gibt es viele mögliche Antworten. Als touristisch stark geprägte Regionen haben die Nordseeküsten beider Bundesländer reichlich in allen Kategorien zu bieten. Bei der Fülle der Möglichkeiten ist es hilfreich, sich mit den individuellen Wünschen an die jeweilige Tourist-Info zu wenden. Auch ein Campingurlaub ist fast überall möglich, dabei gibt es einige Regionen mit besonders vielen Campingplätzen, etwa die ostfriesische Küste mit den Sielorten. Einige sind besonders auf Familien eingestellt, wie zum Beispiel der Fünf-Sterne-Campingplatz in Bensersiel.

Es lohnt sich, auch mal in den Himmel zu schauen: Ein Vogelschwarm in Westerhever.

Es gibt viel zu erleben …

An der Nordsee ist bei jedem Wetter viel geboten. Bei Sommersonne stehen natürlich die Strände ganz oben auf der Liste, zum Burgenbauen, Schwimmen, Relaxen im Strandkorb oder für den Wassersport. Weil oft eine Brise weht, gibt es an der Nordseeküste auch viele bei Kite- und Windsurfern beliebte Spots. Zum Tauchen und Schnorcheln dagegen ist die Nordsee, bedingt durch die Gezeiten, Strömungen und aufgewirbeltes Sediment, nicht geeignet. Dafür ist das Watt ein großer Abenteuerspielplatz. Bei Schietwetter, wie man hier sagt, (und natürlich auch sonst) locken Indoor-Spielplätze, Experimentier-Ausstellungen wie die Phänomenta, Naturerlebniszentren oder andere Kulturangebote. Mit interaktiven Ausstellungen und Workshops ist man in vielen Museen längst auch auf Kinder eingestellt, wie etwa im Museum Kunst der Westküste auf Föhr oder im Ostfriesischen Landesmuseum Emden. Auch Überaschendes ist zu entdecken, so hat Friedrichstadt in Schleswig-Holstein Grachten wie Städte in Holland, und in Wesselburen steht das »Kohlosseum« – schließlich ist dies nicht Rom, sondern die Kohlregion Dithmarschen. Wer neugierig ist und offen für Land und Leute, lernt die besonderen Seiten der Nordseeregionen richtig kennen. Nun aber schnell die Koffer packen!

Juchu, wir sind am Meer! Die Freude darüber kann man in Sankt Peter-Ording auch beim Schaukeln spüren.

SCHLESWIG-HOLSTEINISCHE NORDSEEKÜSTE

Die Ferienregion

Von der dänischen Grenze bis zur Elbmündung zeigt die Nordseeküste Schleswig-Holsteins viele Gesichter.

Für den klassischen Strandurlaub bietet sich vor allem die Halbinsel Eiderstedt an, die wie eine Nase aus dem »Gesicht« des Bundeslands ragt. Mit den weitläufigen Stränden von Sankt Peter-Ording, dem Bilderbuch-Leuchtturm Westerhever und wunderschönen Dörfern ist sie bestens ausgestattet. Das an der Eidermündung gelegene Tönning hat einen hübschen Hafen

Im Hafen der »Theodor-Storm-Stadt« Husum.

und Erlebnisausstellungen zum Thema Watt zu bieten. Unbedingt sollte man auf der Durchreise auch einen Stopp beim Eidersperrwerk einlegen, einem eindrucksvollen Küstenschutzkonstrukt.

Nördlich der Halbinsel lohnt die Theodor-Storm-Stadt Husum mit einem großen Kulturangebot den Besuch, und mit Nordstrand ist gleich daneben eine grüne Halbinsel zu finden. Hier und auch noch weiter Richtung Norden sind die Küstenorte vor allem für den Transfer zu den Nordfriesischen Inseln und Halligen von Bedeutung. Doch auch einige Ausflugsziele verbergen sich in der ruhigen Region, etwa die Emil-Nolde-Stiftung in Seebüll kurz vor der Grenze, wo das Wohnhaus und Atelier des berühmten norddeutschen Malers zu besichtigen ist.

Mit den Nordfriesischen Inseln hat Schleswig-Holstein einige touristische Hochburgen, und jede hat einen eigenen Charakter. Sylt ist, wie man weiß, besonders – aber längst nicht nur – eine Insel für Prominente und solche, die es gern wären. Die Landschaften lassen sich davon nicht beeindrucken, sondern ziehen auch unbekannte Naturliebhaber an. Landschaftlich überaus reizvoll ist auch Amrum mit seinem riesigen Dünenstrand. Und das näher am Festland gelegene Föhr – wo das Klima oft auch etwas milder ist – ist eine ausgesprochene Familieninsel mit ländlicher Idylle, Unterkünften wie dem komplett auf Familien eingestellten Hoftel Föhr und auch einigen Sandstränden, die kaum Brandung aufweisen. Von Landwirtschaft und Windkraft geprägt ist Pellworm, eine Insel, auf der auch die Strände grün sind. Die Besuchern zugänglichen Halligen sind spannende Ziele für einen Ausflug oder mehrere Urlaubstage. Hier ist man zwar schnell rum, doch zu erleben gibt es so einiges.

Südlich der Halbinsel Eiderstedt grenzt der Landkreis Dithmarschen an, ebenfalls eine Region, in der viel Ackerbau betrieben wird und zahlreiche Windenergieanlagen stehen – hier sind sie sogar zu besichtigen. Touristisch bekannter ist der Hafenort Büsum als »Hauptstadt« der Krabben mit Kuttern und einem Museum über das Meer. Und kurz vor der Elbmündung sollte man den Abstecher nach Friedrichskoog nicht verpassen, denn dort befindet sich die Seehundauffangstation, die zu besichtigen ist. Nun ist man auch schon fast in Niedersachsen angekommen, verläuft doch die Landesgrenze mitten durch die Elbe. So kann man fast nach Cuxhaven hinüberwinken. Weit draußen in der Nordsee liegt mit Helgoland noch ein besonderes Ziel. Die zum Landkreis Pinneberg (Schleswig-Holstein) gehörende Hochseeinsel ist von beiden Bundesländern aus mit Personenfähren zu erreichen – und auch für einen Tagesausflug gut.

Etwas für das Auge sind die reetgedeckten Friesenhäuser – hier auf Amrum.

Oben: Wohl einmalig sind die bunten Hummerbuden auf Helgoland.

Fünf tolle Strände

Wann ein Strand besonders schön ist, hängt natürlich auch davon ab, ob man eher den Trubel sucht, Annehmlichkeiten wie Strandkörbe und eine Promenade, Sicherheit durch DLRG-Überwachung – oder den Naturstrand mit Dünen, auf denen sich hohe Gräser wiegen, wo man sich wie Robinson fühlt und besonders viele Muschelschätze findet. Schleswig-Holsteins Küsten haben all dies und noch mehr zu bieten, oft auch nahe beieinander.

So wurde der nördlichste Strand auf Sylt, am »Ellenbogen« bei **List**, von der Zeitschrift Geo zu einem der zwölf schönsten Strände Europas gekürt (genauso wie der Kniepsand auf Amrum), was er zweifellos verdient hat. Ihn zu erreichen ist allerdings etwas umständlicher und kostet mit dem Pkw Mautgebühren – er ist also eher etwas für einen Ausflug zu Fuß oder mit dem Fahrrad. Doch zu List gehören auch noch der von Dünen gesäumte und überwachte Weststrand, der sich in Bereiche für Textil, FKK, Hunde und extra für die Jugend unterteilt. An der offenen Nordsee liegend, kann dort unabhängig von Ebbe und Flut gebadet werden. Auf der Wattseite von List liegt der ruhigere Oststrand mit Blick nach Dänemark. Hier ist das Baden also gezeitenabhängig. Weil das Wasser bei Flut ruhiger ist, eignet sich dieser Strand besonders für Familien mit kleinen Kindern. Obendrein befindet sich das Erlebniszentrum Naturgewalten Sylt gleich um die Ecke.

Der naturbelassene Südstrand von Föhr regt zum Kreativwerden an.

Der preisgekrönte **Kniepsand** zieht sich entlang der gesamten Westseite Amrums und ist von vielen Orten aus schnell zu erreichen. Fünfzehn Kilometer lang und bis zu 1,5 Kilometer breit, ist er halb so groß wie die Insel selbst, mit weiten

Flächen zum Rennen, Toben und Drachen-steigen-Lassen, wunderschönen Dünen, durch die Holzbohlenwege führen, mit einem Dünensee, Kiefernwäldchen und von einem Leuchtturm garniert – man muss es einfach erlebt haben. Während jedoch auf Amrum auch mal rauere Winde wehen, ist das Klima auf der Nachbarinsel **Föhr** oft etwas milder, da sie geschützter und näher am Festland liegt. Der Strand, an der Südseite liegend und aus hellem Sand, ist hier schmaler, auch gibt es kaum Brandung, landschaftlich reizvoll aber ist es auch hier. Und im Hinterland laden bezaubernde Friesendörfer zur Einkehr bei Eis oder Waffeln mit heißen Kirschen.

Wer sich die Überfahrt zu einer der Inseln sparen möchte, findet am Festland mit **Sankt Peter-Ording** eine würdige Alternative. Gleich mehrere schöne Strände reihen sich hier entlang der fünf Ortsteile, mit den nur hier zu findenden Pfahlbauten, in denen jeweils Restaurants, die Wasserwacht und Toiletten untergebracht sind. Für Familien grandios ist der Strand im nördlichen Ortsteil Ording, bekannt auch für das Drachenfestival und den Worldcup im Kitesurfen. Lenkdrachen und eine Strandmuschel nicht vergessen!

Bei vielen Stränden spielen die Gezeiten mit und geben regelmäßig das Watt frei.

Oben: Zur offenen Nordsee hin dagegen sind meist, so wie hier auf Sylt, herrliche Sandstrände zu finden.

Die Hochseeinsel Helgoland mit ihren roten, unbezwingbaren Klippen scheint auf den ersten Blick für einen Badeurlaub weniger geeignet. Doch zu ihr gehört auch die **Badedüne**, ein Juwel aus feinstem Sand mit bunten Strandkörben und rotem Feuerstein, den man nur hier findet. Zu beachten ist, dass Hunde und Kleintiere keinen Zutritt haben. Die Badedüne liegt ungefähr einen Kilometer von der Hauptinsel entfernt. Auch Ferienbungalows gibt es dort inzwischen.

1 Sylt

Hier ist tierisch Watt los

Bei Sylt denkt man vor allem an Strände, und die sind natürlich auch klasse. Es lohnt sich aber genauso, die anderen Seiten der Insel zu entdecken. Hier wandern Dünen jährlich bis zu zehn Meter weit. Über die Kräfte der Natur informiert in List ein Erlebniszentrum zum Mitmachen.

Spannend ist schon der Zugang zum Ausstellungsbereich des ERLEBNISZENTRUMS NATURGEWALTEN: Auf einem großen Luftbild von Sylt können die schon großen Besucher herumlaufen und die Kleinsten krabbeln. In der Ausstellung selbst sind die Kräfte der Nordsee zu erleben, die diese Insel formten und auch künftig gestalten werden. Nun können die Gäste einmal selbst »Wetter machen«: Per Knopfdruck entsteht im Sturmraum Windstärke neun, und im Wellenkanal gerät das Meer in Bewegung. Der Ausstellungsbereich »Klima, Wetter, Meeresforschung« zeigt das irdische Klimageschehen aus der Sicht eines Astronauten. Hier lässt ein Knopfdruck den Meeresspiegel um fünf Meter ansteigen – und die Küsten sehen gleich ganz anders aus.

In einem weiteren Bereich ist einiges über das »Leben mit Naturgewalten« zu erfahren. Kaum zu glauben, welche Überlebensstrategien Tiere und Pflanzen entwickelt haben, um Gezeiten, Sturm und Salz zu trotzen. Ein Watttunnel führt zu den Muscheln und Krebsen und im Dunkelraum ist das Fluoreszieren der Quallen zu beobachten. Auch eine Walsichtung oder eine Reise mit Tausenden von Zugvögeln ist hier mög-

Anfahrt: A 7 bis Flensburg-Harrislee, dann B 199 bis zum Autozug Sylt in Niebüll. Oder über A 23, B 5 und Husum. Die Deutsche Bahn fährt von vielen Städten direkt bis Westerland. Mehr Infos zur Anreise auf www.list-sylt.de.
Öffnungszeiten: Januar bis Juni täglich 10–18 Uhr, Juli, August 10–19 Uhr, September bis Dezember 10–18 Uhr
Preise: Erwachsene 14 €, mit Kurkarte 13 €, Kinder 4–15 Jahre 8,50 €, Familienkarte ab 35 €
Information: Erlebniszentrum Naturgewalten, Hafenstraße 37, 25992 List/Sylt, Tel. 04651/83 61 90, www.naturgewalten-sylt.de; Info-Center Westerland, Friedrichstr. 44, Tel. 04651/99 80, sowie weitere Stationen unter www.insel-sylt.de

Wie der Name schon sagt: Das Haus »Kliffende« markiert das Ende des Roten Kliffs an der Kampener Heide – traditionell reetgedeckt, ist es ein schönes Fotomotiv.

lich. Am Seetierbecken sind Bewohner des Weltnaturerbes Wattenmeer hautnah zu erleben.

Toll für Familien ist auch das KINDER- UND JUGENDPROGRAMM der Ausstellung, das die jüngeren Besucher durch die drei großen Themenbereiche begleitet. Für die Allerkleinsten gibt es Vorschulkinderexponate; eine kleine orange Krabbe führt durch die Themenbereiche. An den Hörstationen wurden wissenschaftliche Themen kindgerecht verpackt. An Quizterminals können junge Besucher ihr Wissen dann überprüfen. Speziell von Jugendlichen für Jugendliche wurden Wissensshows zu Themen wie »Hier ist tierisch Watt los« oder »Stranddisco ohne Strom« gemacht.

Am besten bleiben die Eindrücke hängen, wenn man ihnen auch in der Natur begegnet: Das Erlebniszentrum sollte man

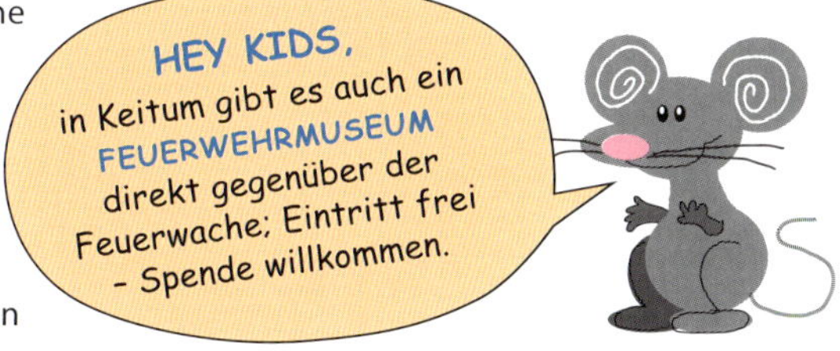

nach Streifzügen über die Insel besuchen (ideal bei Regenwetter) oder andersherum. So kann man beispielsweise die Beweggründe der **LISTER WANDERDÜNEN** noch besser verstehen. Die in Deutschland einmaligen Naturkonstrukte sind bis zu 35 Meter hoch; ihr Sand wandert jährlich um drei bis zehn Meter.

Auch wenn man es nicht unmittelbar bemerkt: Die Sylter Wanderdünen sind gern mal unterwegs.

Oben: Das Rote Kliff zählt zu den eindrucksvollsten Plätzen auf der Nordseeinsel.

Das geschützte Gebiet, auf dem sie sich befinden, darf nur mit Sondergenehmigung betreten werden. Eine schöne Gelegenheit für etwas ältere Kinder und die Eltern sind daher Führungen dorthin, die das Naturerlebniszentrum in Kooperation mit der Lister Kurverwaltung anbietet (Termine siehe Veranstaltungskalender, Dauer 2,5 Stunden, derzeit 17 € pro Person).

Auch andere Sylter Naturphänomene lohnen einen Ausflug, etwa das **MORSUM-KLIFF**. Die 1800 Meter lange und 21 Meter hohe Steilküste erstreckt sich zwischen dem Hindenburgdamm und dem Ort Morsum im Osten der Insel. Ihr geologischer Aufbau gilt als einmalig in Europa. Spaziergänge führen durch eine abwechslungsreiche Umgebung mit Heidelandschaft, einer einzigartigen Tier- und Pflanzenwelt und steinzeitlichen Hünengräbern. Auch hierher werden Führungen angeboten.

Dann gibt es noch das **ROTE KLIFF**: Für diese 52 Meter hohe Steilküste, die bei Sonnenuntergang fast zu glühen scheint, ist Sylt berühmt. Sie verläuft entlang des Strandes auf der Westseite der Insel bei Kampen. Startpunkt ist der Parkplatz in der Straße Risgap in Wenningstedt. Den Abschluss markiert das Haus »Kliffende« an der Kampener Heide. Letzteres ist übrigens bekannt, weil hier einst schon Prominente wie der Schriftsteller Thomas Mann und der Maler Emil Nolde bewirtet wurden. Das Haus liegt so nahe der Abbruchkante, dass es durch Sturmfluten vom Untergang bedroht ist. Für die Färbung des Kliffs sorgen übrigens rostroter Geschiebelehm und die Oxidation seiner eisenhaltigen Bestandteile.

Auf dem Roten Kliff befindet sich auch **SYLTS HÖCHSTER BERG**: eine Düne, die sage und schreibe 52,5 Meter hoch ist und lustigerweise Uwe heißt. Dies liegt daran, dass sie nach dem Sylter Freiheitskämpfer Uwe Jens Lornsen (1793–1838) benannt wurde. Eine Treppe führt hinauf zu einer Aussichtsplattform.

Und noch etwas lohnt sich in der Nähe, nun wird es aber etwas gruseliger: Nördlich der Kapelle von Wenningstedt liegt der **DENGHOOG**, das größte begehbare Steinzeitgrab Schleswig-Holsteins. Es ist für Besucher zugänglich. In der Grabkammer wurden Reste einer Leiche, ein Rinderzahn, Gefäße, Scherben, Beile, Flach- und Hohlmeißel sowie Bernsteinperlen gefunden. All dies befindet sich nun im Museum Schloss Gottorf in Schleswig. Kopien sind im **SYLTER HEIMATMUSEUM** (in Keitum) ausgestellt – ein spannender Abschluss für den Ausflug.

NOCH MEHR SPASS

Für Abwechslung sorgen auf Sylt auch das Freizeitbad Sylter Welle und das Sylt Aquarium in Westerland, Mini-Cross (Motocross für Kinder) in Wenningstedt, Kinderanimation, Ponyreiten und vieles mehr.

2 Amrum

Besuch in der Vogelkoje

Ungewöhnliches ist auf der wilden Nordseeinsel zu beobachten. Zunächst aber ist Amrum vor allem für eines bekannt: den Kniepsand, einen der breitesten Sandstrände Europas. Einen grandiosen Überblick hat man vom Leuchtturm aus.

Auf Sylt die Handelsleute, auf Amrum die Piraten – könnte man meinen. Denn obwohl beide Inseln so dicht beieinander liegen, dass man beinahe herüberhüpfen könnte, beide familienfreundlich sind und sich auch landschaftlich teils ähneln, sind sie doch grundverschieden. Während Sylt auch für Prominenz steht und eine Vorliebe zum »Gesehenwerden«, ist Amrum ein Platz, an den sich wohl flüchten könnte, wer die sprichwörtliche einsame Insel sucht – obwohl hier auch viele Menschen Urlaub machen. Amrum duftet nach Freiheit und Abenteuer, und das liegt sicherlich auch an seinem unendlich wirkenden Strand, der tatsächlich einsame Winkel bietet. Hier kann man laufen, bis die Puste ausgeht, und es gibt viel Platz, um Drachen steigen zu lassen. Oder man steigt auf die Aussichtsdüne und schaut bis zum Ende der Welt. Ja, all das geht auf Amrum.

Der KNIEPSAND, 15 Kilometer lang und bis zu 1,5 Kilometer breit, ist halb so groß wie Amrum selbst und gehört genau genommen – also geologisch betrachtet – gar nicht zur Insel. Vielmehr ist er ihr vorgelagert und säumt die gesamte Westküste. Weil dieser Strand jedoch unmittelbar in die wiederum zur Insel gehörenden Sanddünen übergeht, wirkt beides wie eine Einheit. Noch bis

Anfahrt: Amrum ist ab Dagebüll per Fähre zu erreichen. Ab Amrum gibt es auch Verbindungen nach Föhr und zur Hallig Langeneß. Zum Fähranleger Dagebüll kommt man mit dem Auto oder mit der Deutschen Bahn.
Einkehr: Die Blaue Maus, Amrums älteste Kneipe, ist tagsüber auch bei Familien beliebt wegen der Snacks und weil es viel zu gucken gibt. Die Konzerte abends sind nur für Erwachsene gedacht. Inselstraße 107, 25946 Wittdün, Tel. 04682/20 40, www.blauemaus-amrum.de
Übernachtung: Vermittlung von Unterkünften über die Tourist-Info
Information: Tourist-Info AmrumTouristik Wittdün, Inselstraße 14 (Fähranleger), 25946 Wittdün, Tel. 04682/940 30, Zweigstellen in Neben und Norddorf, www.amrum.de

Im – natürlich reetgedeckten – Öömrang Hüs ist das Heimatmuseum von Amrum untergebracht.

Mitte der 1960er-Jahre war der Kniepsand von Amrum durch einen Priel getrennt, einen Wasserlauf der Nordsee. In den kommenden Jahrzehnten wird er weiter um die Nordspitze Amrums, die Amrumer Odde, wandern, davon gehen Experten aus.

Ein Bohlenweg schlängelt sich durch die Dünenlandschaft und macht Laune auf Abenteuer: Was verbirgt sich wohl hinter der nächsten Kurve? So geht es zum Beispiel auch am **DÜNENSEE WRIAKHÖRN** vorbei, einem Süßwassersee, an dem viele Tiere und Pflanzen zu beobachten sind. Und schon bald ist der **LEUCHTTURM** (1875) zu sehen, Amrums Wahrzeichen. Mitsamt der Düne ist er 64 Meter hoch und im Sommer für Besucher geöffnet. Eine Wendeltreppe führt hinauf auf den Rundbalkon.

Vom Leuchtturm aus sind es ungefähr fünf Kilometer zu einem weiteren besonderen Ort. Dazu folgt man mit dem Fahrrad oder Auto der Straße Tannenwai in Richtung Norddorf und biegt dann links ab. Wer gut zu Fuß ist, kann auch am Strand entlanglaufen und sich dann rechts halten. So gelangt man zur **VOGELKOJE MEERARM**. Was nach einer kuscheligen Schlafstätte für Piepmätze klingt, hat einen ganz anderen Hintergrund: Vogelkojen sind ehemalige Fanganlagen für vorbeiziehende Wildenten. Diese wurden in mit Netzen überspannte Seitenarme des Kojenteichs gelockt. Rund 500 000 Enten wurden hier im Zeitraum von 1866 bis 1936 gefangen – zuständig war der jeweilige Kojenmann –, um eine neue Bestimmung als Dosenmahlzeit zu finden. Heute ist das Gelände ein wertvolles Brut- und Rastgebiet für viele Vögel (die nicht mehr gefangen werden), unter anderem die Graugans. Seit 2011 ist es obendrein ein **NATURERLEBNISRAUM**, durch den ein Bohlenweg führt. An Infostationen erfahren Besucher mehr über die Vogelkoje und das Fangsystem, die zugehörige Natur und den Einfluss des Menschen. Auch archäologische Fundstätten der nahen Umgebung wurden in den Naturerlebnisraum einbezogen. Zum Platz gehören Sitzbänke, ein Kinderspielplatz und ein Damwild-Gehege –

Der 15 Kilometer lange und bis zu 1,5 Kilometer breite Kniepsand ist halb so groß wie Amrum und gehört genau genommen gar nicht zur Insel.

ein schönes Ausflugsziel also, besonders für Familien. Anschließend könnte man nach Norddorf fahren, um sich dort im **NATURZENTRUM** noch die Ausstellung »Der Kojenmann« anzusehen. Wer mehr über Vögel wissen möchte, ist hier in der Gegend ohnehin richtig: Die **AMRUMER NORDSPITZE** ist seit 1937 Natur- und Vogelschutzgebiet, in der Brutzeit betreut und bewacht durch einen Vogelwart des Vereins Jordsand. Regelmäßig werden aber auch Führungen angeboten.

Die Ortschaft **NEBEL** in der Inselmitte hat auch einiges zu bieten. Sehenswert sind dort zum Beispiel das Heimatmuseum Öömrang Hüs, die Windmühle und die St. Clemens-Kirche mit dem sprechenden Friedhof – so benannt, weil die Grabsteine ganz viele Geschichten von Seeleuten erzählen.

Das **NORDSEEHEILBAD WITTDÜN** an der Südspitze der Insel ist am meisten vom Tourismus geprägt. Hier befindet sich auch der Fähranleger und es starten viele Ausflugsboote, etwa zu Piratenfahrten oder Touren zu den Seehundsbänken. Die Kapitäne sind auf Kinder eingestellt, zeigen, was ein Krabbennetz so zutage fördert, oder verleihen auch mal ein Steuermannspatent.

Amrums Dünenlandschaft zählt zu den schönsten der Nordseeküste.

Oben: Ein Leuchtturm, so wie man ihn sich vorstellt – und man kann sogar hinaufsteigen. Der Rundblick ist grandios.

3 Föhr

Mal eben nach Amrum laufen

Okay, etwas Zeit und Kondition braucht es schon, doch tatsächlich ist es möglich: bei Ebbe von Insel zu Insel spazieren. Genauso kann man auch jeweils zu kürzeren Touren starten. Auf Föhr lockt obendrein das märchenhafte Pfannkuchenhaus der Familie Prinzen.

Auf dem Meeresgrund spazieren gehen, ohne abzutauchen – das geht nur im Wattenmeer und gehört zu den Top-Erlebnissen. Hier zieht sich die Nordsee sogar so weit zurück, dass die rund acht Kilometer Watt zwischen Dunsum auf Föhr und der Nordspitze von Amrum »trocken« liegen. In Anführungszeichen, weil das Wasser noch durch einige seichte Priele zieht und auf dieser Strecke außerdem das Mittelloch vor Amrum zu durchwaten ist. Dabei bekommt man aber nur nasse Füße. Und natürlich ist das Watt feucht oder auch matschig, was die ganze Sache zu einem besonderen Spaß macht, wenn das Schlickwatt zwischen den Zehen hervorquillt oder man die Rillen des festeren Sandwatts unter den Fußsohlen spürt. Bei

Anfahrt: Fähre ab Dagebüll oder Amrum/Föhr je nach Ausgangspunkt, Infos unter www.faehre.de. Zum Fähranleger kommt man mit dem Auto über die A7 bis Flensburg, dann weiter auf der B 199 und B 5 bzw. aus Richtung Husum über die A 23 und B 5 oder mit der Deutschen Bahn, www.bahn.de. Nach Nordstrand gelangt man über die A 23 und B 5, dann über die Nordseestraße bis Moordeich in Nordstrand.
Termine: Der Start der täglichen Wattwanderungen ist gezeitenabhängig. Die genauen Termine und Preise gibt es bei den Tourist-Infos der Inseln oder direkt bei den Wattführern.
Einkehr: Das Pfannkuchen-Haus, Gmelinstraße 29, Am Nordseekurpark, 25938 Wyk auf Föhr, Tel. 04681/765
Information: Tourist-Info Föhr im W.D.R. Servicegebäude, Am Fähranleger 1, 25938 Wyk auf Föhr, weitere Stationen im Aquaföhr in Wyk sowie in Nieblum und Utersum, Tel. 04681/30-0, www.foehr.de; Infos und Kontakt zu Wattführern über www.der-inselläufer.de, www.wattwandern-amrum.de, www.watt-wandern.de und www.watterleben.de; Fahrt mit den Wattkarren von Nordstrand zur Hallig Südfall über Familie Andresen, Tel. 04842/300, www.nordstrand.de

den Touren lernt man außerdem die Bewohner dieses besonderen Lebensraums kennen. Schon ein Stück weit barfuß ins Watt zu gehen, ist daher ein unvergessliches Erlebnis. Aber: Die Kraft und Schnelligkeit des Wassers wird oft unterschätzt. Dann kann es lebensgefährlich werden. Daher lautet der eindringliche Hinweis: Immer, auch bei kürzeren Wanderungen, nur mit einem ortskundigen Wattführer laufen.

Herrlicher Matsch: Das Wattenmeer ist zwar nicht bunt, birgt aber jede Menge Spaß für Groß und Klein.

Oben: Der Südstrand von Föhr lädt zum Baden, Spazierengehen oder Faulenzen im Strandkorb ein.

Der Spaziergang von Insel zu Insel gilt als die Perle unter den Wattwanderungen. Die Tour dauert drei bis vier Stunden und sollte nur bei guten Witterungsbedingungen unternommen werden. Darauf achten die Wattführer natürlich, die die Lage am besten einschätzen können. Von Amrum geht es mit der Fähre wieder zurück nach Wyk. Genauso kann man von Amrum nach Föhr laufen – beziehungsweise geben die Gezeiten auch die am jeweiligen Tag mögliche Richtung vor. Entsprechende Angebote gibt es auf beiden Inseln, darunter auch Specials wie Winterwattwandern in der schützenden Wathose. Auch sind Wanderungen zu den HALLIGEN und zur Kormoran-Insel bei Amrum möglich sowie Touren ab dem FESTLAND, z. B. ab Büsum, Wesselburen oder Sankt Peter-Ording. Sogar Hundewattwanderungen sind im Programm. Für Familien mit Kindern, denen eine längere Wattwanderung zu anstrengend wäre, sind Watterkundungen ideal. Diese kurzen Touren dauern ein bis anderthalb Stunden. Wer gar nicht laufen möchte, kann mit dem Pferdewattkarren von NORDSTRAND zur HALLIG SÜDFALL fahren (Anmeldung erforderlich). Die seit 1959 unter Naturschutz stehende Hallig darf nur von geführten Gruppen betreten werden.

HOFTEL FÖHR

Seit Kurzem gibt es auf Föhr auch ein Hotel, das komplett auf Familien eingestellt ist – bis hin zur Kinderküche. Es zog in einen ehemaligen Bauernhof ein und liegt auf dem Land, aber auch nahe dem Inseldorf Nieblum mit seinem schönen Sandstrand. Weitere Infos gibt es unter www.hoftel-foehr.de.

Nun noch etwas mehr über FÖHR: Auch die Insel selbst ist eine Reise oder einen Tagesbesuch wert. Für Kinder ist der Südstrand von Wyk mit seinem seichten Wasser ideal, aber auch die Strände von Nieblum und Goting bieten sich an. Hier fallen bei Niedrigwasser große Teile des Watts trocken. Ein tolles Ziel für Familien ist in der »Inselhauptstadt« das PFANNKUCHENHAUS im weinumrankten Prinzenhof, sei es zum Einkehren oder gleich zum Übernachten (es gibt unter anderem drei besonders familiengerechte Ferienwohnungen).

Familie Prinzen ist seit drei Generationen auf der Insel Föhr ansässig und hat hier ein wahrlich märchenhaftes Konzept verwirklicht: Der Familienname verleitete zu der Idee, den Zauber der Märchen im ganzen Haus und im großen Café-Garten sich entfalten zu lassen. Dabei wurde der in vielen Geschichten auftauchende Frosch, oftmals ein verzauberter Prinz, zur Leitfigur. Man begegnet ihm überall im Prinzen-Hof, unter anderem auf einem mit Kopfhörern bestückten Sofa, das Märchen erzählt. Im Garten steht ein Karussell mit bunt lackierten Holztieren, es gibt einen Zauberbrunnen und einen Teich, in dem der Meeresgott Triton auf seiner Muschel dem Klang der Wasserspiele lauscht.

Im Pfannkuchen-Haus ist der Name Programm: In mehr als 40 Variationen wird die Eierspeise hier angeboten, von süß bis herzhaft, mal nach alten Rezepten der Familie und mal nach internationalen Rezepten. Beim Blick in die offene Küche kann man den geschickten Kuchenbäckern am Pfannkuchen-Karussell zusehen, auf dem neun verschiedene Pfannkuchen gleichzeitig zubereitet werden können. Der Prinzenhof ist am Nordseekurpark, 100 Meter vom Südstrand entfernt, zu finden.

Föhr: Museum Kunst der Westküste

4

Flaschenpost im Blau-Raum versenden

Auf einer Nordseeinsel ins Museum gehen, wo doch der nahe Strand lockt? Umgehend erweist sich das als super Idee. Hier kann die ganze Familie einmal auf andere Weise in das Meer eintauchen und Küstenkunst erleben. Ein Highlight für junge Gäste ist der Blau-Raum.

Eigens für die jüngeren Museumsbesucher wurde der wunderbare Blau-Raum geschaffen. Er ist ein Kunstwerk, in dem man spielen kann.

Für die Macher des Museums Kunst der Westküste war es eine Herausforderung: Ob sich hier, im kleinen Alkersum auf Föhr, ein international anerkanntes Museum für die

Anfahrt: Die Insel Föhr ist ab Dagebüll per Fähre zu erreichen, Infos der Wyker Dampfschiffs-Reederei unter www.faehre.de. Zum Fähranleger kommt man mit dem Auto über die A 7 bis Flensburg, dann B 199 und B 5 bzw. aus Richtung Husum über die A 23 und B 5 oder mit der Deutschen Bahn, www.bahn.de.
Öffnungszeiten: März bis Oktober Di bis So 10–17 Uhr, November bis Februar Di bis So 12–17 Uhr
Preise: Erwachsene 8 €, ermäßigt 4 €, Kinder bis 12 Jahre frei, Jugendliche bis 17 Jahre ermäßigt, Familien 16 € (2 Erwachsene, bis zu 5 Kinder), Gruppen ab 10 Personen pro Person 4 €, Ermäßigung für Art- und Brigitte-Card-Besitzer
Einkehr: Restaurant und Café Grethjens Gasthof im Museum
Information: Museum Kunst der Westküste, Hauptstr. 1, 25938 Alkersum/Föhr, Tel. 04681/74 74 00, www.mkdw.de; Tourist-Info im W.D.R. Servicegebäude, Am Fähranleger 1, 25938 Wyk auf Föhr, weitere Stationen im Aquaföhr in Wyk sowie in Nieblum und Utersum, Tel. 04681/30-0, www.foehr.de

Große Kunst schon für die Kleinen – hier »Zwei Reiter am Strand nach links« (1910) von Max Liebermann.

Kunst des 19. bis 21. Jahrhunderts einrichten ließ, war fraglich. Es gelang mit einer hochkarätigen Gemäldesammlung zum Thema Meer und Küste. Und längst stellte sich heraus: Kaum irgendwo sonst könnte eine Ausstellung wie diese zu Hause sein. So ist das erst vor wenigen Jahren eröffnete Museum für viele Inselgäste schon Anlass genug anzureisen. Die Sammlung zeigt die Lebenswelten der Westküste, darunter auch Werke von Berühmtheiten wie Emil Nolde, Edward Munch und Max Liebermann. Den baulichen Rahmen bildet ein preisgekrönter Museumskomplex der Architekten Sunder-Plassmann.

Es klingt alles ein wenig danach, als sei dies etwas nur für Erwachsene, ein Ort, an dem man andächtig raunend durch die Gänge wandelt, um mit Kennerblick vor den Werken innezuhalten. Doch das Museum richtet sich ganz besonders auch an junge Besucher, und bestimmt wurde hier auch schon der eine oder andere spätere Kunstkenner geboren. In Workshops und bei anderen Veranstaltungen wachsen das Verständnis und die Liebe zur Malerei. Da geht es für den Familienworkshop »Ich sehe was, was du nicht siehst« auch mal mit verbundenen Augen durch das Museum oder man darf den Spuren großer Künstler folgen, um dann auf ähnliche Weise mit den Farben zu experimentieren.

In dem von der Bühnenbildnerin Birgit Angele gestalteten Blau-Raum können junge Museumsgäste ganz in die Farbe des Meeres eintauchen und einiges unternehmen – zum Beispiel Nachrichten mit der Flaschenpost weitergeben oder erhalten, zeichnen, Geschichten hören, lesen, puzzeln oder einfach »chillen«. Auch Ergebnisse aus den Workshops werden hier präsentiert.

Die Entdeckerlust wird zudem durch die Art der Ausstellungspräsentation geweckt. Immer wieder verschränkt sich hier die Malerei und Grafik des 19./20. Jahrhunderts mit groß geplotteten Wandzitaten aus der Literatur und mit internationaler zeitgenössischer Kunst. Da können schon mal Tau-

sende von schwarzen Papierfaltern der Installation »Black Cloud« des mexikanischen Künstlers Carlos Amorales die Wände überziehen und mitten zwischen den Werken berühmter Skagener Künstler wie Michael Ancher, Peder Severin Krøyer oder Laurits Tuxen an den Flächen »kleben«. Das Museum zeigt jährlich bis zu acht Wechselausstellungen, die sich von der Romantik bis zur Gegenwartskunst um die Themen Meer, Wasser, Küstenleben, Natur und Reise drehen, sei es nun regional bezogen oder weltweit. Natürlich sind auch neue Medien vertreten wie Video-, Performance-, Installationskunst und Fotografie.
Das zum Museum gehörende Restaurant und Café Grethjens Gasthof lockt mit feinen Speisen und selbstgebackenen Kuchen – auch in dem windge-

Auch in Workshops und bei anderen Veranstaltungen werden das Verständnis und die Liebe zur Malerei geweckt.

schützten, sonnigen und weitläufigen Rosengarten. Nach einigen anregenden Stunden im Museum bleibt immer noch Zeit für den erholsamen Strand. Nun sieht man das Meer mit ganz anderen Augen, als Spiel von Licht und Farben …

5 Die Halligen

Kleine Inseln, große Eindrücke

In einem Häuschen mitten im Meer sitzen, während das Land ringsherum fast völlig in den Fluten versinkt – die Bewohner der Halligen sind dies gewohnt. Wie es sich anfühlt, kann man im Sturmflutkino nacherleben. Auch sonst haben Langeneß, Hooge & Co. viel zu bieten.

Wenn die Nordsee sich auftürmt und der Sturm über die Wogen peitscht, stellt man sich hier auf ein »Landunter« ein. Dann verschwinden die Halligen bis auf die bewohnten WARFTEN, so heißen die Erdhügel, auf denen die wenigen Häuser stehen. Auf den Halligen gibt es zwar auch Sommerdeiche, die jedoch bei sehr hohen Pegelständen ebenfalls überflutet werden. Die Warften aber sind hoch genug, sodass man normalerweise in den Häusern bleiben kann, ohne nasse Füße zu bekommen. Für die Bewohner bedeutet Landunter also, in der guten Stube zu verweilen, bis rundherum wieder das Land auftaucht.

Im nordfriesischen Wattenmeer der Nordseeküste Schleswig-Holsteins gibt es noch zehn Halligen. Sie gruppieren sich um die Insel Pellworm. Sieben dieser kleinen Marscheninseln sind bewohnt und einige davon sind bei Tagestouristen besonders beliebt. So manche Besucher bleiben aber auch für längere Zeit, um ganz in das Halligleben eintauchen zu können, etwa auf LANGENESS, mit knapp zwölf Quadratkilometern die größte der Halligen. Auf ihren 18 Warften leben rund 130 Einwohner. Sehenswert ist das KAPITÄN-TADSEN-MUSEUM, ein restauriertes Kapitänshaus auf der Ketelswarf aus dem Jahre 1741. Es zeigt einen für die

Anfahrt: Über die A 23 und B 5, dann über den Sönke-Nissen-Koog bis zum Fähranleger Schlüttsiel. Fähre Hooge–Schlüttsiel: Fahrplan auf www.hooge.de; Hooge: Autofähre nach Schlüttsiel oder Personenfähre nach Nordstrand; Langeneß: Autofähre nach Schlüttsiel; Nordstrandischmoor: Wattenweg von Lüttmoorsiel aus

Information: Tourist-Info Hooge, Hanswarft 1, 25859 Hallig Hooge, Tel. 04849/91 00, www.hooge.de; Tourist-Info Langeneß, Ketelswarf 1, 25863 Hallig Langeneß, Tel. 04684/217, www.langeness.de; Infos zu Ausflugsfahrten unter www.halligmeerfahrten.de

Auf Warften gebaut, sind die Häuser der Halligen auch bei Sturmflut geschützt. Dann verschwinden die grünen Erdhügel im Wasser.

Halligen typischen Schweifgiebel, besondere Wand- und Deckenmalereien und mehr als 1600 holländische Wandfliesen. Es lohnen sich auch die HALLIGKIRCHEN mit ihren Kunstschätzen und der FRIESENPESEL, eine im historischen Stil erhaltene Stube auf der Honkenswarf. Auf der Peterswarf informiert die Schutzstation Wattenmeer über Flora und Fauna. Hier steht auch der 1902 errichtete LEUCHTTURM NORDMARSCH mit einer Höhe von 11,50 Metern. Für Familien gibt es eine kräfteschonende und lustige Möglichkeit, zu den Sehenswürdigkeiten zu gelangen: Vom Anleger Rixwarf startet der HALLIG-EXPRESS, ein Unimog mit überdachtem Anhänger, zu einer Fahrt über die langgestreckte Hallig. Auch ein Fahrradverleih ist vorhanden (auf der Warft Hilligenley nahe dem Hafen).

Südlich von Langeneß liegt die **HALLIG HOOGE**, die mit der Fähre zu erreichen ist. Sie ist als zweitgrößte Hallig nur knapp sechs Quadratkilometer groß und hat rund 100 Einwohner. Doch auf Hooge ist mehr geboten, als man meinen möchte, besonders auf der Hanswarf. Sogar ein Kino gibt es hier, nämlich das **STURMFLUTKINO**. Dort ist ein Landunter auf der Großbildleinwand zu erleben. Toll für die ganze Familie ist auch das **ERLEBNISZENTRUM MENSCH & WATT**. Zentrales Thema sind die Beziehungen zwischen Mensch und Natur in der Biosphäre der Halligen und des Nationalparks – eine Ausstellung mit Gezeitenaquarium und Wattwerkstatt. Im Touristikbüro »Uns Hallig Hus« können Kinder auch bei Schietwetter ihren Spaß haben: beim Schlechtwetterkino mit Zeichentrickfilmen (Mo bis Do 14 Uhr, Spende erbeten). Und im nahe gelegenen Kindergarten dürfen auch Gästekinder nach vorheriger Anmeldung vormittags spielen, basteln und mitsingen (derzeit 3 € pro Tag).
Kulturinteressierte Eltern könnten sich unterdessen auf Sightseeing-Tour begeben. So sind maritime Kleinode zu entdecken wie die **HALLIGKIRCHE** aus dem 17. Jahrhundert. Ein Hingucker ist hier die 1743 gefertigte Hochzeitstür, deren Motiv an die Zeiten der Walfänger erinnert. Im Altarraum ist außerdem das Modell einer dänischen Fregatte zu sehen. Damit dankte die Inselgemeinde seinerzeit dem dänischen König Frederik VI., der Hooge nach der Sturmflut im Jahre 1825 beim Wiederaufbau half. Be-

kannt ist die Hallig auch für den KÖNIGSPESEL, eine Friesenstube aus dem 18. Jahrhundert, die sich auf der Hanswarft befindet. Und wenn man schon einmal dort ist: Nebenan zeigt das Heimat- und Halligmuseum unter anderem Wattfunde versunkener Warften.

Ein Erlebnis für alle ist natürlich auch das WATTENMEER selbst, und wer schwimmen gehen möchte: Auf Langeneß und Hooge gibt es Badestellen, teils sogar mit Süßwasserduschen ausgestattet. Auch die noch kleineren Halligen sind einen Besuch wert, der sich oft auch mit einer spannenden Wattwanderung verbinden lässt, denn zum Beispiel Südfall, Süderoog und Norderoog sind bei Ebbe auch zu Fuß zu erreichen. Doch auch hier gilt: Bitte nur mit ortskundiger Führung laufen. Einige der unter Naturschutz stehenden Inselchen sind nur mit Sondergenehmigung oder unter bestimmten Voraussetzungen zugänglich. So dürfen Gäste die Hallig Norderoog nur im Rahmen von organisierten Führungen betreten und bei Hallig Südfall muss man sich zuvor beim Vogelschutzwart anmelden. Auf Hallig Habel ist der Zutritt nicht gestattet. Die kleine Hallig Gröde mit ihren nur neun Einwohnern wiederum kann man (unregelmäßig) mit dem Fahrgastschiff besuchen – siehe Ausflugsfahrten.

WARFT ODER WARF?

Es heißt zwar die »Warft«, doch bei den Ortsnamen steht oft nur »-warf«, denn dies ist die ursprüngliche Bezeichnung, die im Laufe der Zeit durch ein »t« erweitert wurde. Beides ist heute also korrekt. Der Begriff kommt von »werben« und nicht, wie man meinen könnte, von »werfen«.

Die Halligen sind überschaubar, und doch gibt es hier viel zu entdecken.

6 Pellworm

Ein riesiger grüner Pfannkuchen

... so wirkt die platte Insel aus der Luft betrachtet, denn grün sind hier sogar die Strände. Und sie versorgt sich sozusagen selbst mit Energie. Für Kinder ist einiges geboten, unter anderem mit Pelle, dem Inselmaskottchen.

SPAREN IN DER NEBENSAISON

Die ansonsten wie überall kostenpflichtigen Strandkörbe können auf Pellworm im Frühjahr bis 15. Mai und dann wieder ab dem 15. September kostenlos genutzt werden, bevor sie ins Winterlager wandern.

Pellworm ist anders als die anderen großen nordfriesischen Inseln: Sie ist ausschließlich von den grünen Marschen geprägt. Anstelle von Sandstränden umringt ein grasbewachsener Seedeich die Insel. Doch dies bedeutet keineswegs, dass man hier nicht baden könnte, ganz im Gegenteil. Hier spielt sich der Wasserspaß, ähnlich wie bei einem Freibad, »auf der grünen Wiese« ab. Rund um die Insel gibt es grüne Badestrände, die teilweise auch bewacht sind, ausgestattet mit Duschen/WC, Kinderspielgeräten und Strandkorbverleih – darunter auch ein FKK-Strand und drei Hundestrände. Sobald die Flut angerollt ist, kann ge-

Anfahrt: Auto: A 7 Abfahrt Schleswig-Schuby oder über die A 23 bis Heide und weiter auf der B 5 Richtung Husum. Ab Husum weiter bis Hattstedt und am Ortsende links abbiegen zur Fähre nach Pellworm/Nordstrand/Strucklahnungshörn. **Bahn/Bus:** Bis Husum mit dem Zug, von dort Bus zum Fähranleger Strucklahnungshörn/Nordstrand; auf der Insel gibt es einen Sammelmietwagen/Taxi 15 15. **Information:** Kur- und Tourismusservice Pellworm, Uthlandestr. 2, 25849 Pellworm, Tel. 04844/189-40; Freizeitanlage Kaydeich, Kaydeich 15, Tel. 04844/559; Freizeitbad PelleWelle, www.pelle-welle-freizeitbad.de; geführte Wattwanderungen werden auf Pellworm von den Wattführern Helmut Bahnsen, Tel. 04844/ 99 09 06, Knud Knudsen, Tel. 04844/201, und den Mitarbeitern der Schutzstation Wattenmeer, Tel. 04844/760, angeboten.

Schon bei der Ankunft auf Pellworm wird deutlich: Hier gibt es viel Grün.

plantscht werden und bei Ebbe lockt das Watt zum »Matschen« oder Wandern. Auch hier sollte man sich für Touren stets an die regionalen Wattführer wenden.

Seit 2015 bereichert eine besonders lange Buhne am Südstrand die Szenerie. 65 Meter weit ragt sie bis ins Wattenmeer hinaus. Die begehbare Konstruktion ist am Ende mit einer Treppe ausgestattet. So kann man vom Kopf der Buhne aus direkt ins Wasser oder Watt gelangen. Und seit Neuestem findet sich zu aller Überraschung auch Sand auf Pellworm, nämlich am Südstrand (beim Leuchtturm). Für alle, die dann doch gern mal etwas buddeln oder den Sand unter den Fußsohlen spüren möchten, wurde hier ein Trockenstrand, also ein Strand innerhalb des Deiches, geschaffen, an dem auch kostenlose Strandkörbe bereitstehen.

Als eine der sonnenscheinreichsten Regionen in Deutschland trägt Pellworm jedes Jahr 22,5 Megawattstunden aus regenerati-

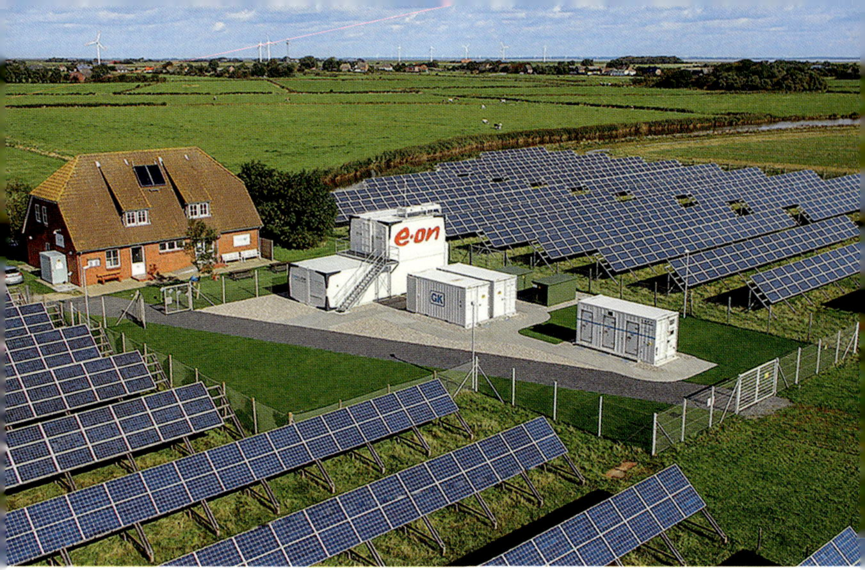

Pellworm ist ein Vorreiter in Sachen Erneuerbare Energien.

ven Energiequellen (Wind, Sonne und Biomasse) zur Stromversorgung bei. Das ist ungefähr doppelt so viel, wie die Insel für die eigene Versorgung benötigt. Der Strom wird per Seekabel zum Festland geliefert. Es kursiert derzeit die Idee, das Informationszentrum am E.ON-HYBRIDKRAFTWERK durch ein Museum der erneuerbaren Energien zu ergänzen, dies ist jedoch noch Zukunftsmusik.

Ansonsten ist Pellworm stark von Landwirtschaft geprägt, sodass es reichlich Schafe, Kühe, Hühner und viele andere Tiere zu sehen gibt, auch haben sich einige Unterkünfte auf Bauernhof-Ferien eingestellt. Es ist eine Insel, die förmlich zum Aktivwerden einlädt: Im Programm sind unter anderem Minigolf, Reiten im Watt, Surfen, Beachvolleyball, Inlineskaten, Tennis und Kegeln; ausgeschilderte Rundwanderwege und idyllische Laufstrecken laden zum Wandern und Walken ein – Wanderkarten gibt es beim Kur- und Tourismusservice. Und da meist eine Brise weht, kann man auf Pellworm auch wunderbar seinen Drachen steigen lassen (hierbei ist auf Abstand zu den Badestränden zu achten). Toll für Jugendliche ist die FREIZEITANLAGE KAYDEICH: Während der Sommermonate verwandelt sich die Strandkorbhalle in eine Multisportarena mit Angeboten wie Inlinehockey, Streetfußball, Tischtennis, Basketball, und in der Hauptsaison gibt es zweimal wöchentlich Kino. Bei Regenwetter und auch sonst ist das FREI-

ZEITBAD PELLEWELLE ein beliebtes Ziel. Es ist zwar kein Meerwasserschwimmbad, bietet dafür aber viele Spaßelemente wie Whirlsitzbänke, Geysir, Lichtspiele, Wasserspeier und die 62 Meter lange Wasserrutsche Pelle Express mit Blackhole-Effekten und bunten Lichtstreifenelementen. Dem Namen Pelle begegnet man übrigens ziemlich häufig auf Pellworm, denn so heißt das Inselmaskottchen. Sein Bild ziert zahlreiche Souvenirs wie Mützen, Schals und Taschen, Rucksäcke, Schlüsselanhänger, Taschenlampen, Fahrradklingeln und Aufkleber. Es gibt Pelle auch als Stofftierlamm und Schiebepuzzle. In der **PELLWORMER KINNERSTUV** können Kinder zwischen ungefähr fünf und sieben Jahren spielen, basteln und feiern (Anton-Heimreich-Haus, 2 € Kind/Std., Familienrabatt, Ostern bis Oktober). Termine stehen in der »Pellworm heute«. Dort finden Sie auch größere Veranstaltungen wie Wattolympiade und Kinderwattwanderungen. Und für alle Kinder bis zwölf Jahre gibt es beim Kur- und Tourismusservice Pellworm einen **KINDERPASS** mit vielen Überraschungen und Vergünstigungen wie etwa einmal freier Eintritt in die PelleWelle, Preisermäßigungen beim Ponyreiten und Fahrradvermieter, bei der Kutschfahrt, Ausflugsfahrten mit dem Schiff und noch einiges mehr (gegen Vorlage der Gästekarte).

Auch hier rege vertreten: Schafe und Lämmer

Oben: Der Leuchtturm von Pellworm setzt farbliche Kontraste.

7 Die Husumer Bucht

Berühmter Dichter und weite Blicke

Die an Kultur reiche Theodor-Storm-Stadt Husum ist unbedingt einen Besuch wert. Kinder können ihre Schätze auf eigene Weise entdecken. Und vor der Tür lockt die Ferienregion Husumer Bucht mit teils deichfreien Bereichen und der Halbinsel Nordstrand.

»Am grauen Strand, am grauen Meer und seitab liegt die Stadt ...« – besonders verlockend klingt sie nicht gerade, diese Beschreibung Husums. Doch dazu muss man wissen, dass sie einem ganz alten Gedicht entstammt, das obendrein mit einer Liebeserklärung an diese Stadt endet: Theodor Storm, der berühmteste Husumer, verfasste es 1852. Die letzte Strophe zeugt davon, wie sehr der Poet seinem Geburtsort verbunden war: »Doch hängt mein ganzes Herz an dir, / Du graue Stadt am Meer; / Der Jugend Zauber für und für / Ruht lächelnd doch auf dir, auf dir, / Du graue Stadt am Meer«.

Seitdem ist Husum natürlich ohnehin viel bunter geworden. Die Fassaden der Häuser leuchten in vielen Farben und im Sommer ziehen noch buntere Urlauberscharen durch die historischen Straßen und den kleinen Hafen. Auch der Name Theodor Storm ist allgegenwärtig und man kann das ehemalige Wohnhaus des Schriftstellers besichtigen, in dem eine Ausstellung untergebracht ist: Das **STORM-HAUS** in der Wasserreihe 31 zeigt unter anderem das ehemalige Arbeitszimmer (»Poetenstübchen«) und den Schreibtisch, an dem Storm sein berühmtestes Werk, den »Schimmelreiter«,

Anfahrt: A 3 und B 5 oder ab Schleswig Bundesstraße B 201, jeweils direkt bis Husum
Öffnungszeiten: Schloss vor Husum März bis Oktober täglich außer Mo 11–17 Uhr, November bis Februar Sa, So 11–17 Uhr, Führungen nach Vereinbarung
Preise: Erwachsene 5 €, ermäßigt 2 €
Information: Tourist-Info, Großstr. 27, 25813 Husum, Tel. 04841/898 70, www.husum-tourismus.de; Schiffahrtsmuseum, www.schiffahrtsmuseum-nf.de; NordseeMuseum, www.museumsverbund-nordfriesland.de; Fun Center Husum, www.funcenter-husum.de; Poppenspäler Museum und Schloss vor Husum, König-Friedrich V.-Allee 2, 25813 Husum, Tel. 04841/632 42, www.pole-poppenspaeler.de, www.museumsverbund-nordfriesland.de/schloss-vor-husum

Das Schloss vor Husum ist von einem Wassergraben umgeben. Im Inneren verbirgt sich auch das Poppenspäler Museum, eine Ausstellung rund um das Puppenspiel.

vollendete. Auch vieles an dem alten Husumer Kaufmannshaus selbst ist noch original aus dieser Zeit erhalten, das Treppenhaus, die Flure, Decken und Türen. Genauso sind Hof und Garten zu besichtigen. Es ist für die ganze Familie ein spannendes Ziel: Neben Museumsführungen für Erwachsene bietet das Theodor-Storm-Zentrum auch verschiedene Sonder- und Themenführungen an. Neu hinzugekommen ist eine »Häwelmann«-Führung für die kleinsten Besucher – bezogen auf das Märchen »Der kleine Häwelmann«, das Theodor Storm 1849 für seinen Sohn Hans schrieb. Außerdem gibt es nun einen Stadtrundgang auf den Spuren Storms sowie eine halbtägige Exkursion durch das Nordfriesland Theodor Storms.

Kinder können dem großen Dichter auch auf ganz andere Weise folgen: Die Worte des Gedichts »Die Stadt« schlängeln sich, eingebrannt in rote Ziegel, rund um den Binnenhafen. Sie verbinden die vier Stationen der HISTORISCHEN SPIELLINIE, ein Kulturerlebnispfad für junge Besucher. Dazu gehören das »Hüsermaken«, ein Memory-Spiel aus 16 gebogenen Edelstahlpfosten am Rathaus. Hier gilt es die Paare von acht verschiedenen Husumer Häusern zu finden, die sich unter Klappen an den

Pfosten verbergen. Auf der anderen Seite des Gebäudes steht der »Fish for fun«, eine riesige Fischgräte, auf die man klettern kann. Sie berichtet von der Bedeutung der Fischerei für die Stadt Husum. Fische und andere Seetiere sind an der dritten Station »Aquis submersus« zu beobachten, die nach einer Novelle von Theodor Storm benannt wurde. Und am Ende der Tour schließlich stehen die »Guckies«, drei überdimensionale Schilfhalme, hinter deren Klappen sich Gucklöcher befinden, die Einblicke in das Leben an der Nordsee gewähren.

> **ZUM KROKUSBLÜTENFEST**
> Ein alljährlicher Höhepunkt ist in Husum das Krokusblütenfest, bei dem auch die Krokusblütenkönigin gekrönt wird – mit Kunsthandwerkermarkt im Schlosshof, einer kulinarischen Meile, Blumen- und Pflanzenmarkt und anderen Überraschungen.

Viel Sehenswertes, ganz besonders auch für die Eltern, ist bei einem anderen Rundgang zu entdecken: Der **KULTURPFAD STADT HUSUM** verbindet historische Gebäude, Theodor-Storm-Stätten, Wohnhäuser weiterer bedeutender Bürger der Stadt und die großen Museen. Die insgesamt 32 Stationen umfassende Route beginnt am Alten Rathaus am Marktplatz. In dem 1601 errichteten Gebäude befindet sich auch die Tourist-Info, und es ist Startpunkt für Stadtführungen oder Nachtwächter-Rundgänge.

Zunächst lohnt es sich, den Marktplatz genauer zu betrachten, denn hier reihen sich noch weitere Stationen: Die klassizistische Marienkirche und davor Husums Wahrzeichen, die »Tine«. Die einen Brunnen schmückende Bronzefigur, geschaffen von dem Husumer Bildhauer Adolf Brütt, stellt eine junge Halligfriesin dar. Auch das Haus, in dem Theodor Storm am 14. September 1817 geboren wurde, befindet sich am Markt: Es trägt die Nummer 9 und ist nicht zu verwechseln mit seinem späteren Wohnhaus, in dem heute das besagte Museum untergebracht ist. Letzteres ist natürlich auch eine Station des Kulturpfades. Geschichte schrieb außerdem das einstige Herrenhaus am Markt 1–3: Hier befand sich ab 1520 eine Münzstätte, in der der »Husumer Taler« geprägt wurde.

Ein Höhepunkt des Kulturpfades ist Station Nr. 27: das **SCHLOSS VOR HUSUM**. Es steht nicht vor der Stadt, sondern mittendrin und heißt nur so aus alter Tradition. Zu besichtigen sind darin die ehemaligen Staatsräume;

in vier Sonderausstellungen jährlich wird zeitgenössische Kunst präsentiert, vor allem aus Schleswig-Holstein. Für junge wie ältere Gäste verbirgt sich noch ein Highlight im Schloss vor Husum, und zwar das POPPENSPÄLER MUSEUM, benannt nach der Hauptfigur in Theodor Storms gleichnamiger Novelle. Es ist eine Ausstellung rund um das Puppenspiel, die Kaspers Bedeutung in verschiedenen Regionen der Erde zeigt sowie Theaterfiguren aus Europa, Asien und dem Orient, wertvolle Unikate bekannter Werkstätten und vieles andere mehr.

Vor allem lohnt es sich, das Husumer Schloss im März zu besuchen, denn dann gleicht der Schlosspark einem Naturwunder: Mehr als vier Millionen Krokusse entfalten hier ihre Blütenbecher, bilden einen großen Teppich in Violett mit weißen Tupfen. In solch einem Ausmaß blühen die wildwachsenden Krokusse wohl nur hier.

Andere Museen am Kulturpfad repräsentieren die maritime Vergangenheit Husums: Das SCHIFFFAHRTSMUSEUM NORDFRIESLAND informiert über Schiffbau, Fischerei und Walfang. Dazu gehört auch ein Freigelände am

Das bunte Treiben im Hafen zeigt: Grau ist diese Stadt wahrlich nicht.

Oben: Im Theodor-Storm-Haus ist vieles noch genauso wie damals, als der große Dichter es bewohnte.

Binnenhafen und an der Zingelschleuse. Hier haben Besucher freien Zutritt. Zu bewundern sind alte Schiffsmodelle, ein Ruderhaus, Tonnen und Baken, eine historische Ankersammlung und das 1904 erbaute Quermarkenunterfeuer von Hörnum.

Im **NORDSEEMUSEUM HUSUM** im Nissenhaus geht es um das Leben am und mit dem Meer. 2007 wurde es grundlegend saniert und neu gestaltet, mit Blick auf noch mehr Familienfreundlichkeit. Nun können Kinder und Eltern hier vieles gemeinsam entdecken und ausprobieren. Das Museum geht auf eine Stiftung Ludwig Nissens (1855–1924) zurück, einen Husumer, der 1872 nach New York auswanderte und es dort als Diamantenhändler zu Wohlstand brachte.

O DU FRÖHLICHE ...

Ein Highlight für Familien ist das Husumer Weihnachtshaus. In der Ausstellung mit historischem Laden (in dem man Weihnachtliches einkaufen kann) geht es das ganze Jahr über um das wohl schönste Fest für Kinder.

Das Nationalpark-Haus liegt zentral im Hafen und stimmt prima auf die Nordsee ein.

Auf Ausflüge ans Meer stimmt das **NATIONALPARK-HAUS** am Hafen ein – eine Ausstellung zum UNESCO-Weltnaturerbe mit einem großen Wattenmeer-Puzzle und vielen Mitmachstationen. Hier kann man etwa verschiedene Gelege von Seevögeln erfühlen, Vögel in einem riesigen Schwarm zählen oder Schnabelformen dem jeweiligen Fressen zuordnen.

Entlang der Küste bei Husum ist auf Ausflügen das Wattenmeer in natura zu entdecken oder man taucht in das nordfriesische Landleben ein. Im Süden der Husumer Bucht liegt die **HALBINSEL EIDERSTEDT** mit vielen schönen Dörfern wie Tetenbüll (siehe Kapitel 11), im Norden eröffnet sich die abwechslungsreiche Landschaft der **SCHO-**

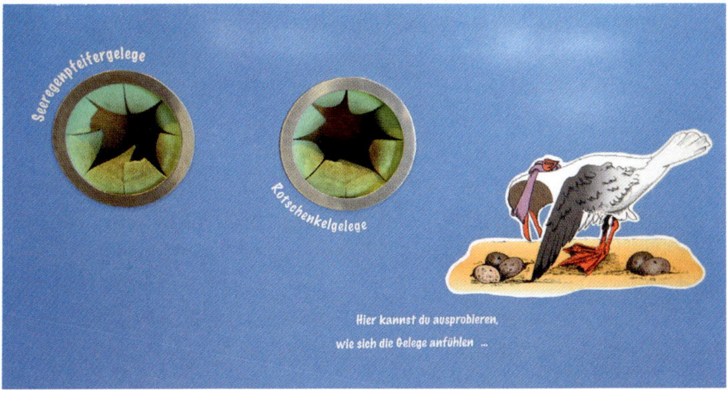

So bringt eine Ausstellung Spaß: Beim Thema Wattenmeer kann man unter anderem verschiedene Gelege von Seevögeln ertasten.

BÜLLER GEEST – als einziger deichfreier Abschnitt der Nordseeküste und mit dem Aussichtspunkt Schobüller Berg bietet sie besonders viel Weitblick. Im Osten wiederum beginnt die Gewässerlandschaft der Flüsse Eider, Treene und Sorge, die auch zu Kanutouren einlädt.

Strände und Badestellen gibt es schon direkt in Husum: Die BADESTELLE DOCKKOOGSPITZE mit grünem Strand liegt nur einen Katzensprung von der Husumer Innenstadt entfernt. Hier ist auch genügend Platz, um einen Drachen steigen zu lassen. Etwas südwestlich der Stadt liegt die familienfreundliche BADESTELLE LUNDENBERGSAND in Simonsberg – mit Sand zum Burgenbauen. Eine weitere Bademöglichkeit im Husumer Stadtteil SCHOBÜLL eignet sich vor allem zum Schwimmen. Gezeitenunabhängig baden und schwimmen geht im Freibad Schobüll sowie – ganzjährig – im HusumBad, dem Hallenbad der Stadt. Für Spaß auch bei Regenwetter sorgt das FUN CENTER HUSUM (siehe Schlechtwettertipps, Seite 94).

Nördlich von Husum ragt die Halbinsel NORDSTRAND ins Wattenmeer. Hier lädt ein schöner Sandstrand zum Baden ein und es starten die Fahrten mit dem Wattkarren zur Hallig Südfall (siehe Kapitel 3). Für Kurzweil sorgen Angebote der Kurverwaltung: Malen, Basteln, Kinderwattwanderungen, Reiten, Skaten und Spielenachmittage (Termine siehe Veranstaltungskalender).

8 Friedrichstadt

Grachten wie in Holland

Etwas ganz anderes als an den Küstenorten kann man hier unternehmen: Auf Grachtenschiffen geht es mitten durch die Stadt, vorbei an schmucken Giebelhäusern und adretten Gärten. Sind wir etwa in Holland gelandet? Na, in gewisser Weise schon!

Tatsächlich wird dieses nordfriesische Städtchen, das dort liegt, wo Treene und Eider zusammenfließen, auch »Klein Amsterdam« oder »die Holländerstadt« genannt. Grachten durchziehen die kleine Stadt, hier heißen sie Siele oder Burggräben. Häuser mit Treppengiebeln reihen sich entlang der Straßen und kopfsteingepflasterten Gassen, viel Grün umgibt die Wasserläufe, über die sich natürlich auch kleine Brücken spannen. Besonders schön ist das alles vom Wasser aus anzusehen, was natürlich schon einige Anbieter von Ausflugsfahrten als Geschäft für sich entdeckt haben. So fahren während der Sommermonate zahlreiche Boote durch Friedrichstadt. Einzusteigen lohnt sich!

So wie in Holland sieht es hier also aus, und das ist kein Zufall. Denn diese Stadt wurde ursprünglich, ab dem Jahre 1621, von niederländischen Glaubensflüchtlingen angelegt. Diese sogenannten »Remonstranten« erbauten auch eine erste Kirche und richteten einen Friedhof ein, den es noch immer gibt. Das Wort kommt aus dem Lateinischen (von remonstrare) und bedeutet so viel wie »zurückweisen«. Immer noch ist Friedrichstadt die einzige remonstrantische Gemeinde in Deutschland mit rund 200 Mitgliedern, die von einem niederländischen Pastor betreut werden, der in Groningen lebt. Ihre eigene Kirche steht in der Prinzessstraße 29 und wurde 1854 erbaut. Vier Jahre zuvor war der an derselben Stelle stehende Vor-

Anfahrt: A 23 und B 5, dann ab Witzwort der B 202 folgen bis Friedrichstadt
Preise: Friedrichstädter Grachtenfahrt Erwachsene 8,50 €, Kinder bis 14 Jahre 3 €
Information: Tourist-Info, Am Markt 9, 25840 Friedrichstadt, Tel. 04881/939 30, www.friedrichstadt.de; Friedrichstädter Grachtenfahrt, Am Deich, 25840 Friedrichstadt, www.grachtenfahrt.de; Modellbahn-Zauber, Brückenstr. 18, 25840 Friedrichstadt, Tel. 04881/93 88 58, www.modellbahn-zauber.de

Bei der Fahrt durch die Grachten, hier der Ostersielzug, eröffnen sich auch grüne Idyllen inmitten der Stadt.

gängerbau im deutsch-dänischen Krieg zerstört worden. Die **REMONSTRANTENKIRCHE** ist im Rahmen einer Stadtführung zu besichtigen. Hier treffen sich die Gläubigen der Gemeinde jeden letzten Sonntag im Monat zu ihrem Gottesdienst.

Hintergrund der ganzen Geschichte ist, dass der Gründer von Friedrichstadt, kein Geringerer als Herzog Friedrich III. zu Schleswig-Gottorf, damals den in ihrer Heimat verfolgten Menschen hier Religionsfreiheit gewährte. Dies tat er wohl nicht ganz uneigennützig, denn die Holländer waren als erfolgreiche Kaufleute bekannt und wussten, wie man Deiche baute – schließlich gab es schon damals auch in den Niederlanden eine Nordseeküste, die es dort genauso vor Fluten zu schützen galt wie in Schleswig-Holstein.

Deshalb hatte Friedrich III., so wird berichtet, einen Plan: Mit tatkräftiger Hilfe der Zuwanderer sollte ein großer Handelshafen entstehen, der es mindestens mit Hamburg aufnehmen konnte. Dies war dann wohl doch etwas zu hoch gegriffen, denn schon bald zeigte sich, dass Treene und Eider in diesem Ausmaß nicht schiffbar waren. Dafür entwickelte sich Friedrichstadt zu einer schmucken, kleinen Ortschaft, die ihren Charme – und vor allem den altholländischen Charakter – bewahren konnte.

Eines der ältesten Holländerhäuser von Friedrichstadt, erbaut 1790. Die Hausmarke zeigt das Stadtwappen Amsterdams.

Zur Reise in die Stadtgeschichte bietet sich ein Besuch im **MUSEUM ALTE MÜNZE** an. Es handelt sich hier keineswegs um eine ehemalige Prägerei, wie man meinen könnte. Vielmehr wurde das Gebäude 1626 als Speicher für den adligen Statthalter Adolph van Wael errichtet. In den folgenden Jahrhunderten diente es auch als Kirche, Bibliothek und Tourist-Info. Nach einer umfassenden Sanierung zog 1995 das städtische Museum ein. Es bietet auf drei Etagen eine lebendig gestaltete Ausstellung zu den Themen Stadtgründung, Religionsvielfalt und Alltagsleben. Auch von außen ist das reich verzierte Renaissancegebäude sehenswert.

Besonders schön ist es zum **LAMPIONFEST** in Friedrichstadt. Jährlich im Frühsommer wird drei Tage lang in der gesamten Altstadt gefeiert. Auf dem Markt gibt es ein Live-Programm mit Budenzauber, auf dem Stadtfeld eine Kindermeile und abends steigt eine Party für die Großen. Highlight ist der Lampion-Bootskorso am Samstagabend, bei dem die verrücktesten Gefährte auf den Grachten schwimmen – mit anschließendem Feuerwerk.

Und für Familien gibt es noch ein tolles Ziel: Mit dem **MODELLBAHNZAUBER** hat Sönke Röckendorf einen eigenen Kindheitstraum wahr gemacht – und das Ergebnis kann man besuchen. Es erwartet einen eine liebevoll gestaltete Landschaft im HO-Maßstab 1:87. Außer vielen Zügen fahren auch Lkw und Busse auf den Straßen der Miniaturwelt von Norddeutschland bis an den Rhein. Man darf auch selbst einiges per Knopfdruck in Bewegung bringen, zum Beispiel Kirmes-Fahrgeschäfte, Windkraftrotoren oder verschiedene Figuren.

Sankt Peter-Ording 9

Ein Himmel voller Drachen

Nach »SPO« zieht es im Sommer auch viele Schleswig-Holsteiner und Hamburger. Der Küstenort, mit herrlichen Stränden bestückt und schnell zu erreichen, ist auch bekannt für große Events wie das Drachenfestival.

In Sankt Peter-Ording sind auch viele schmucke Reetdachhäuser zu bewundern.

Das Bild ist selbst für die Nordseeküste ungewöhnlich: Viele, viele bunte Strandzelte verteilen sich vor weißen Strandkörben, die Häuser stehen auf Stelzen und am Himmel schweben Drachen in zahlreichen Formen und Farben. Wenn auch sicherlich jeder der vier Strände Sankt Peter-Ordings reizvoll ist – für die wohl meisten Familien ist dieser kaum zu toppen. Gemeint ist der Badestrand im nördlichsten ORTSTEIL ORDING. Unendlich weit scheint er zu sein, und so ist selbst in der Hochsaison noch reichlich Platz für alle.

Hier im Norden der Halbinsel Eiderstedt weht meist eine beständige Brise, ein Lenkdrachen also sollte unbedingt zum Reisegepäck gehören. Fehlt er, hilft ein Besuch in einem der strandnahen Läden mit Badezubehör weiter – man ist in SPO ganz darauf eingestellt. Und auch das Zuschauen ist schon ein Riesenspaß, denn am Himmel gibt es jede Menge zu sehen. Vieles hat mit dem klassischen Drachen wenig gemeinsam, da flattern

Anfahrt: A 23 bis Ausfahrt 2 Heide-West, dann der B 203 folgen und über Wesselburen nach Sankt Peter-Ording – hier kann eine Öffnung des Eidersperrwerks für eine kurze Unterbrechung sorgen, dafür ist auch das Zuschauen spannend. Oder über die B 5 (Verlängerung der A 23) und Tating nach Sankt Peter-Ording.
Information: Tourist-Info St. Peter-Ording, Tel. 04863/99 90, www.st-peter-ording.de; www.st.peter-ording-nordsee.de; www.kitesurfworldcup.de; Wassersportcenter X-H2O, www.x-h2o.de; Kitebuggy-Fahrschule, www.buggyfahrschule.de; Nordsee-bernsteinmuseum, www.nordsee-bernsteinmuseum.de

Tiere, Figuren und alle erdenklichen Gebilde durch die Lüfte. Alljährlich im Sommer feiert man das Freizeitvergnügen gleich mit einem ganzen Festival, dann kommen Drachenfreunde aus ganz Deutschland und vielen anderen Ländern. Die bunten Kunstwerke werden bei verschiedenen Shows vorgeführt; bei einer Nachtflugshow steigen beleuchtete und selbststrahlende Drachen effektvoll in die Lüfte. Dazu gibt es Live-Musik, eine Schlemmermeile und ein Kinderprogramm mit Aktivitäten wie Drachenbasteln, Schminken, Jonglieren oder Bungeetrampolin.

STRANDSPAZIERGANG

Insgesamt ist der von einer Sandbank gebildete Strand von SPO zwölf Kilometer lang und bis zu zwei Kilometer breit. 350 Hektar Kiefernwald durchziehen das lang gestreckte Ortsgebiet – mit schönen Wanderwegen

Spielplatz beim Kiefernwald nahe dem Strand im Ortsteil Ording

Genauso bunt geht es über dem Wasser zu, wo sich die Schirme der Kitesurfer und Segel der Windsurfer blähen. Der Strand Ording ist ein Hotspot der internationalen Szene und natürlich gibt es auch eine Anlaufstelle direkt am Strand: Das **WASSERSPORTCENTER X-H2O** bietet Ausrüstungsverleih und auch Surfkurse an. Teilnehmen können bereits Kinder, beim Kitesurfen allerdings ist man entsprechend vorsichtig: Nicht nur Alter beziehungsweise Reife, sondern auch ein Mindestgewicht sind ausschlaggebend, um diesen Sport auf sichere Weise erlernen zu können. Die Trainer beraten dazu vor Ort. Im Zweifelsfall sollte es beim Windsurfen oder Stand-up-Paddling bleiben – auch das ist hier möglich. Und von der Caféterrasse aus kann man bei toller Aussicht dem Treiben auf dem Wasser zusehen. Auch Kitebuggyfahren wird von einer speziellen Fahr-

Während es anderswo oft eine klare Trennung von Strandkorbzone und Strandmuscheln gibt, sieht man es hier nicht so eng.

schule angeboten: Dabei kann man sich von der Kraft des Windes über den Strand ziehen lassen, auch im Rahmen eines Schnupperkurses. Ein Event für schon etwas größere Kinder und Jugendliche war bislang der alljährliche KITESURF WORLD CUP im August, der ab 2016 nach Fehrmann wechselt. Neben den Wettbewerben gibt es auf dem Gelände am Strand viele Aktionen wie eine BMX-Show oder Gewinnspiele.
Wer noch nie in SPO war und nun meint, es herrsche das Chaos angesichts der vielen Drachen und Flitzer auf den Wellen wie auf dem Sand, kann beruhigt sein: Man hat alles bestens organisiert und so gibt es jeweils abgegrenzte Bereiche (übrigens auch eine FKK-Zone nördlich des Hauptstrandes). Kein Sport gefährdet den anderen und man kann auch unbesorgt schwimmen gehen. Wie überall am Wattenmeer sind dabei die Gezeiten und mögliche Strömungen zu beachten. Bei Ebbe

zieht sich das Meer weit zurück und bietet eine Arena für Wattspaziergänge am Strand entlang oder zum Matschkanälegraben. Die Uhrzeiten von Hoch- und Niedrigwasser sind jeweils aktuell bei der DLRG-Station angeschrieben.

Am Strand von Ording gibt es einen kleinen Spielplatz, eine Eisbude, einen Imbiss und ein schön gelegenes Beach-Restaurant: Es steht auf Pfählen – bei Flut mitten im Meer – und ist über einen Holzsteg zu erreichen. Diese jedem Hochwasser trotzenden Pfahlbauten machen den besonderen Charakter von Sankt Peter-Ording aus, selbst die Strandtoiletten befinden sich in solchen Gebäuden. Die Pfähle wurden mit Mannes- und Maschinenkraft bis zu fünf Meter tief in den Sand eingespült und ragen bis zu sieben Meter über den Strand. Solche Pfahlbauten stehen auch an den anderen vier bewachten Badestellen der Ortschaft, so auch weiter südlich am Strand im **ORTSTEIL BAD**, in den der Strand von Ording nahtlos übergeht.

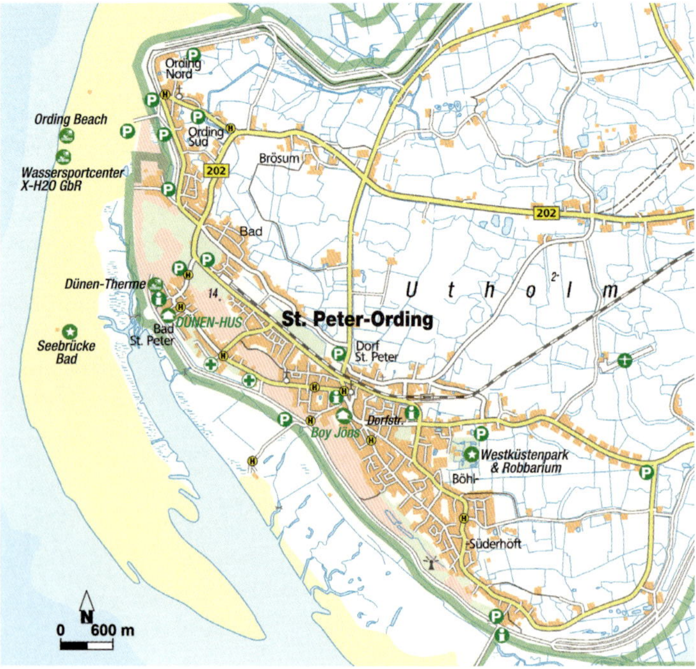

Am Strand von Bad geht es etwas gediegener zu, eine 1095 Meter lange **SEEBRÜCKE** – die wunderschön über die Salzwiesen führt – verbindet ihn mit der Kurpromenade. Direkt am Zugang befindet sich auch die **DÜNENTHERME** mit Wellenbad (siehe Schlechtwettertipps, S. 94), und der Sylter »Fisch-König« Gosh ist mit einem Lokal und Straßenverkauf vertreten. An der Promenade und im angrenzenden Ort gibt es außerdem noch viele weitere Cafés, Restaurants und Geschäfte. Im **DÜNENHUS** laufen Konzerte und andere Veranstaltungen. Schön für Familien ist der nahe **MINIGOLFPLATZ** (nur der Promenade ein Stück weiter Richtung Süden folgen). Direkt an der Seebrücke steht außerdem eine kleine **ENTDECKERSÄULE**, die kindgerecht über das Wattenmeer informiert. Der **ORTSTEIL DORF** bildet den traditionellen Kern von St. Peter-Ording, wobei sich inzwischen auch moderne Wohngebäude unter die Reetdachhäuser mischen. Geschichte ist auf der **MUSEUMSINSEL** zu

WANDERUNG DURCH DREI KLIMAZONEN

Wattenmeer, Dünen und Kiefernwald – zu erleben sind alle drei Klimazonen SPOs bei einer schönen Rundwanderung, die auch etwas größere Kinder gut schaffen: Von Ording nach Bad am Strand entlang, über den Holzbohlenweg bis zur Promenade/Dünentherme und dort links abbiegen. Nun hält man sich weiterhin links, um durch den Wald zurück nach Ording zu gelangen, wobei es einige Varianten gibt: Der der Straße nähere Weg führt auch an einem Spielplatz vorbei. Die Gesamtlänge der Strecke beträgt fünf bis sechs Kilometer.

Abenteuerpfad: Auf diesem ausgewiesenen Weg beim Strand Ording darf man durch die geschützten Dünen laufen.

erleben: Mitglieder der AG Ortschronik haben hier Gebäude aus alten Zeiten nachgebaut – vom alten Backhaus über einen historischen Eiskeller bis hin zum romantisch-schaurigen Schipperhus. In Dorf befinden sich außerdem das NORDSEEBERNSTEINMUSEUM (siehe Schlechtwettertipps, Seite 94) und das NESTLÉ SCHÖLLER KINDERSPIELHAUS: Hier widmet sich das Veranstaltungsteam der Tourismus-Zentrale den kleinen Gästen (während der Saison, Montag bis Freitag).

Hinter dem Ortsteil Dorf gibt es auch einen Strand, der inzwischen mehr ein Naturerlebnis als typischen Badespaß bedeutet: Die Strömungsverhältnisse haben über Jahrzehnte eine besondere Uferzone geschaffen, ein von Salzwiesen geprägtes, lagunenartiges und beschauliches Baderevier. Immer noch gibt es einen schmalen Sandstrand mit Strandkörben, einige davon für Hundebesitzer. Bei Niedrigwasser wird aus der Lagune eine

Diese Pfahlbauten, hier ein Strandrestaurant im Hintergrund, gibt es nur in SPO.

weite Wattfläche. Dann starten von hier aus regelmäßig die geführten Wattwanderungen der Schutzstation Wattenmeer.

Der südlichste ORTSTEIL BÖHL gilt als der Ruhepol von St. Peter-Ording, gebildet aus vielen Ferienwohnungen und Ferienhäusern und mit eigenem Strandbereich. Hier befindet sich außerdem der WESTKÜSTENPARK mit mehr als 800 Haus- und Wildtieren – und einem Robbarium, in dem Seehunde zu erleben sind.

Am Kiefernwald vorbei und hindurch führen auch ausgeschilderte Nordic-Walking-Strecken.

Da war aber jemand ganz genau: dualer Burgenbau direkt am Wasser.

10 Leuchtturm Westerhever

Mehr Bilderbuch geht nicht

Wer ein wie gemaltes Nordsee-Motiv sucht, wird hier fündig. Hier steht der wohl schönste Leuchtturm dieser Küste, rot-weiß geringelt und von Marschland umgeben, in dem viele Schafe grasen. In einem seiner Wärterhäuschen verbirgt sich eine Ausstellung der Schutzstation Wattenmeer.

Um Nordfrieslands Schmuckstück zu besuchen, muss man ein Stückchen fahren und laufen, aber das macht nichts: Unterwegs gibt es viel zu entdecken. Meist sind Schafe anzutreffen und oft auch die Schäferin Dorothee Olle, die am Deich schöne Dinge aus Lammwolle, selbst gestrickte Mützen und anderes verkauft. **WESTERHEVER** liegt ungefähr 15 Kilometer nördlich von Sankt-Peter-Ording. Ganz am Ende der Straße stellt man das Auto auf einem Parkplatz (gebührenpflichtig) ab, dann geht es über den Deich und ... da steht er, der hübsche Turm, zwischen zwei Wärterhäuschen, baugleich wie Zwillinge, auf seiner Warft – also einem kleinen Hügel, der vor Überflutung schützt. Es ist eine kleine grüne Leuchtturminsel mitten in den Salzwiesen, die auch mal aus der weiten Nordsee ragt, wenn das Wasser sehr hoch steht. So schön anzusehen, dass sie schon häufig fotografiert wurde – also die Kamera nicht vergessen!

Auch wenn der Turm sehr nah wirkt, zweieinhalb Kilometer sind es dann doch, denn der Weg führt in Biegungen um ein geschütztes Gebiet. Für den Rückweg gibt es im Sommer eine kürzere Variante. Denn dann können Besucher dem Weg der einstigen Leuchtturmwärter folgen: Der **STOCKENSTIEG** (von Stock = Brücke und Stieg = kleiner Weg) verbindet den Turm direkt mit dem Deich, ein historischer Klinkerweg mit drei Holzbrücken, 1,2 Kilometer

Anfahrt: A 23 und B 5 bis B 202 in Tönning, dann über die Süderheverkoog-Chaussee bis Ahndelweg in Westerhever
Öffnungszeiten: Turmführungen Ostersonntag bis Ende Oktober Mo, Mi, Sa 10–16 Uhr jeweils zur vollen Stunde, Anmeldung erforderlich unter Tel. 04865/12 06
Preise: Erwachsene 4 €, Kinder ab 8 Jahren 2 €
Information: Tourismusverein Westerhever-Poppenbüll, Tel. 04865/12 06, www.westerhever-nordsee.de

lang und nur 45 Zentimeter breit. Er ist von Juni bis September (außerhalb der Rastzeit der Wildgänse) zugänglich.

Der Stockenstieg ist wie der Leuchtturm selbst schon mehr als 100 Jahre alt, beide wurden ab 1906 gebaut. Der zwei Jahre später in Betrieb genommene Turm sendet sein Signal seit 1979 automatisch in die Dunkelheit. In den ehemaligen Wärterhäuschen befindet sich heute die SCHUTZSTATION WATTENMEER, die hier auch eine kleine Ausstellung einrichtete, mit Aquarien, einer Forscherecke und Informativem zum Thema Naturschutz. Draußen gibt es auch einiges zu entdecken, etwa ein »Fenster zur Nordsee«.

Die TURMBESICHTIGUNG ist von Ostern bis Ende Oktober und nur mit Führung möglich (für Kinder ab acht Jahren). Es ist eine telefonische Anmeldung erforderlich; der Verkauf der Eintrittskarten erfolgt ausschließlich im Info-Hus am Parkplatz (Ahndelweg 4) in Westerhever. Wer die 157 Stufen in Richtung Himmel erklommen hat, kann einen unvergesslichen Ausblick über weite Teile von Eiderstedt sowie die Insel- und Halligwelt genießen.

FAHRT MIT DEM HITZLÖPER

Der Startpunkt des Wegs zum Leuchtturm, die Schäferei Westerhever, ist auch mit dem Hitzlöper zu erreichen, der Strandbahn von St. Peter Ording: www.de-hitz-loeper.de.

Das Info-Hus am Parkplatz von Westerhever. Wenige Meter weiter liegt der Deich, an dem der Weg zum Leuchtturm beginnt.

Der Westerhever Leuchtturm mit den Zwillingswärterhäuschen. Im Vordergrund: der historische Stockenstieg

Tetenbüll: Haus Peters 11

Ein echter alter Kaufmannsladen

»Dass es das noch gibt!«, entfährt es hier manchen Großeltern, und für Kinder ist es so, wie mitten in einem Weihnachtsgeschenk zu stehen: ein Kolonialwarenladen wie anno dazumal, in dem man sogar einkaufen kann, und zugleich ein besonderes Museum.

Das kleine Geschäft in dem historischen Backsteinhaus wurde schon vor fast 200 Jahren (1820) eröffnet und sieht heute noch fast genauso aus wie damals: ein uriger Holztresen, unzählige Schublädchen, Regale, Fässer, Gläser … und überall duftet es nach guten Dingen, die an Besucher auch verkauft werden. Man bekommt unter anderem Rosenseifen und viele verschiedene Tees, Porzellan und Lavendelsäckchen, hübsche Postkarten und vieles andere.

Anfahrt: Tetenbüll ist über eine Abzweigung der B 201 zu erreichen – aus St. Peter-Ording kommend oder auch aus Richtung Husum
Öffnungszeiten: Januar, Februar nur Sa, So 13–17 Uhr, März bis Mai Di bis So 14–18 Uhr, Juni bis September Di bis So 11–18 Uhr, Oktober bis Dezember Di bis So 13–17 Uhr, Feiertage geöffnet außer Karfreitag, Heiligabend, 1. Weihnachtstag, Silvester
Preise: Eintritt frei
Einkehr: Café Alte Schule in Warmhörn, www.alteschulewarmhoern.de, und zum Fischessen in die Spieskommer Tetenbüll (für Kinder gibt es auch andere Gerichte) www.spieskommer-tetenbuell.de
Übernachtung: In dieser ländlichen Region Eiderstedts gibt es viele schöne Ferienwohnungen und andere Unterkünfte. Am besten bei der Tourist-Info fragen.
Information: Haus Peters, Dörpstraat 16, 25882 Tetenbüll, Tel. 04862/681, www.hauspeters.info; Tourismusverein Tetenbüll, Marschchaussee 5, 25882 Tetenbüll, Tel. 04862/10 21 92, www.tz-eiderstedt.de

Der historische Kolonialwarenladen mit seiner gut restaurierten Einrichtung gilt als die älteste ländliche Hökerei in Schleswig-Holstein, die an ihrem Ursprungsort erhalten werden konnte. Er heißt Haus Peters nach der Familie, die in dem bereits um 1760 erbauten Gebäude lebte. Dieses diente

Wie zu Ururomas Zeiten: Der Verkaufsraum von Haus Tetenbüll ist tatsächlich so alt.

von etwa 1850 bis 1955 als Wohntrakt eines ehemaligen Haubargs. Damit ist es auch ein bedeutendes kulturhistorisches Baudenkmal, das vom dörflichen Leben im 18. und 19. Jahrhundert berichtet.

Neben der originalen Ladenausstattung aus der Biedermeierzeit sind Küche und Stuben noch weitgehend mit dem gründerzeitlichen Mobiliar der ehemaligen Hausbesitzer ausgestattet. So gibt es allerlei Dinge zu entdecken wie historische Küchengeräte, eine Sammlung mit Eiderstedt-Fotografien (1904-1936) von Theodor Möller oder eine Ausstellung zum Thema Markengeschichte mit Verpackungen aus Ururomas Zeiten. Außerdem sind in den Räumen des Hauses, hinter dem auch ein schöner Bau-

erngarten zum Verweilen einlädt, wechselnde kunst- und kulturgeschichtliche Ausstellungen zu bewundern.
Haus Peters ist mitten in Tetenbüll bei der KIRCHE ST. ANNA (erbaut um 1400) zu finden, und so lohnt sich auch ein Spaziergang durch die hüb-

Diese historische Küche ist in einem der hinteren Räume zu besichtigen.

sche kleine Ortschaft. Zur Gemeinde gehört außerdem noch ein besonderes Café: Drei Kilometer sind es bis zur »Alten Schule« in Warmhörn. Im Gastraum sitzt man mitten im Museum, umgeben von Schulausstattung aus den 1940er- und 1950er-Jahren. Etwas weiter nördlich befindet sich obendrein ein kurtaxefreier Geheimtipp: Der TETENBÜLLSPIEKER (oder auch Evershop-Siel), eine grüne Badestelle mit kleinem Segelhafen, Spielplatz und Dusche. Selbst wenn nicht gerade Hochwasser ist, kann man hier im Hafen noch schwimmen, über eine Treppe geht es direkt ins Wasser. Und mit der Spieskommer Tetenbüll gibt es auch ein Restaurant mit Terrasse.

12 Tönning

Auf den Spuren Störtebekers

Der Bade- und Luftkurort an der Eidermündung hat einen Hafen mit besonderer Geschichte. Kinder können sie bei einer Schatzsuche nacherleben. Das Kanalpackhaus verwandelt sich zur Weihnachtszeit in einen riesigen Adventskalender, der schon im Guinness-Buch der Rekorde stand.

Die Kamera nicht vergessen oder das Smartphone zücken: Der Tönninger Hafen steckt voller Fotomotive.

Dass Tönning immerhin rund 5000 Einwohner hat, ist kaum zu glauben, wenn man sich am Hafen befindet: Wie in einem Fischerdorf fühlt man sich hier, an jeder Ecke warten Fotomotive: liebevoll hergerichtete, alte Segelboote, maritimer Schmuck an den Hausfassaden und Türen und eine weiße Holzklappbrücke. Gemütliche Lokale reihen sich am Wasser.

Auf Kinder warten in Tönning insgesamt fünf bunte Tafeln, die Geschichten erzählen. Es sind die Stationen des RUNDGANGS »Auf den Spuren Störtebekers«, der wahlweise als kleine Tour mit drei Tafeln (Dauer ca. 30 Minuten) oder komplett als große Tour (ca. 60 Minuten) begangen werden kann. Dazu holt man sich am besten erst den Störtebekerbutton, der in der Kurverwaltung im Multimar Wattforum und in vielen Tönninger Läden erhältlich ist, und dann geht es auf eine Schatzsuche, geführt von der Figur eines alten Seebären. Dabei erfährt man viel über die 1795 gegründete Navigationsschule, in der sich heute ein Schullandheim befindet, über die Bedeutung der immer noch vorhandenen Schiffswerft, die frü-

Anfahrt: A 23 und B 5 bis Ausfahrt B 202, dieser bis Tönning folgen
Information: Tourist- und Freizeitbetriebe Tönning, Am Markt 1, 25832 Tönning, Tel. 04861/614 20, www.toenning.de; Ausstellung im Packhaus, www.toenninger-stadtgeschichte.de

Im ehrwürdigen Kanalpackhaus, zentraler Blickfang mit Flügeltüren, kann man auch Krabben pulen lernen.

her sogar Piratenschiffe gebaut haben soll, und noch vieles mehr über Tönning und seine Bewohner.

Der kleine Hafen hat eine ganz große Geschichte: Er wurde schon 1613 gebaut und war im späten 18. Jahrhundert das Tor des einstigen Eiderkanals, einer Wasserstraße zwischen Rendsburg und Kiel. Sie verband über die Eider erstmals beide Meere und gilt daher als Vorläufer des Nord-Ostsee-Kanals – als eine Verbindung, die für Seeschiffe passierbar war. Der Eiderkanal wurde am 18. Oktober 1784 mit einer Probefahrt des Seglers Rendsburg eröffnet. Ein ehemaliger Speicher, das große **KANALPACKHAUS** aus dem Jahr 1783, erinnert an diese Zeit. Das denkmalgeschützte Gebäude mit seinen mächtigen Flügeltüren ist schon von außen ein imposanter Anblick. Im ersten Stock beherbergt es eine Ausstellung zur Geschichte der Stadt im Wandel der Zeiten – von den Wikingern über die Festungszeit des 17. Jahrhunderts bis ins 20. Jahrhundert. Regelmäßig gibt es auch Veranstaltungen wie Mondscheinkino, einen Ostereiermarkt oder Krabbenpulen. Neben dem Packhaus bietet die **ALTE FISCHEREIGENOSSENSCHAFT** fangfrischen Fisch im Direktverkauf und ein angeschlossenes Lokal, in dem man Spezialitäten wie ein Tönninger Krabbenbrötchen verspeisen kann.

Schilder erklären den Rundgang »Auf den Spuren Störtebekers«.

KRABBEN PULEN WIE EIN PROFI

Das Kanalpackhaus veranstaltet auch Kurse und eine jährliche Meisterschaft im Krabbenpulen. Im Rahmenprogramm treten jeweils die Eiderenten, die Strandräuber oder der Männergesangverein Harmonie Hattstedt auf. Ab 19.30 Uhr kommen die fangfrischen Krabben auf den Tisch (Ende gegen 23 Uhr). Der Eintritt ist frei. Termine unter www.packhaus-toenning.de

Wer die Möglichkeit dazu hat, sollte unbedingt auch einmal in der Vorweihnachtszeit nach Tönning kommen. Denn dann verwandelt sich das Packhaus in einen märchenhaften Ort. Man nennt es auch das TÖNNINGER WEIHNACHTSEREIGNIS: Nach und nach leuchten die Zahlen von 1 bis 24 golden hinter den Fenstern und Lagertüren auf und weitere weihnachtliche Lichter spiegeln sich im Wasser des historischen Hafens. Als längster Adventskalender der Welt mit einer Länge von 77,5 Metern zog das historische Gebäude in das Guinness-Buch der Rekorde ein. An jedem Tag im Monat Dezember wird symbolisch eine der Türen geöffnet, hinter denen sich an ausgewählten Tagen spannende Programmpunkte für die ganze Familie verbergen – anstelle von Schokolade sind es Aktivitäten zum Mitmachen oder Genießen, wie etwa Bernsteinschleifen, Kinderschminken, Basteln, eine Lesung, ein Streichelzoo oder gemeinsames

Auf stolze 77,5 Meter bringt es das Packhaus – im Winter wird es zu einem ganz langen Adventskalender.

Weihnachtsliedersingen. An jedem Adventswochenende gibt es im Packhaus einen großen Weihnachtsmarkt mit rund 100 Ständen, viel Kunsthandwerk, Rahmenprogramm und Veranstaltungen auf einer Bühne.

13 Multimar Wattforum

Brandung zum Selbermachen

Das Erlebnisaquarium ist eine der Hauptattraktionen in Tönning. Hier sind die Tiere des Wattenmeeres hautnah zu betrachten und die Besonderheiten des Wattenmeeres zu erfahren. Verbinden lässt sich dies mit einem Besuch im nahe gelegenen NABU Naturzentrum Katinger Watt.

Seepferdchen, Katzenhai und Gespensterkrabbe – viele wissen nicht, welche besonderen Tiere in der Nordsee zu Hause sind. Diese und viele andere Meeresbewohner tummeln sich in 37 großen Aquarien, mehr als 280 Arten von Fischen, Krebsen und Muscheln sind es insgesamt. Und viele sind perfekte Meister der Tarnung, wie etwa die Schollen, die aus dem Sandboden lugen. Im Großaquarium ziehen Störe und Nagelrochen vorbei, und zweimal pro Woche steigt ein Taucher in das riesige Becken, mit dem sich Besucher sogar über ein Mikrofon unterhalten können. Er erklärt das Verhalten der Tiere und beantwortet auch gern Fragen.
Das Multimar Wattforum in Tönning ist das offizielle INFORMATIONSZENTRUM FÜR DEN NATIONALPARK WATTENMEER in Schleswig-Holstein. Die Erlebnisausstellung zu Watt, Walen und dem Weltnaturerbe lädt auch zum Erforschen, Anfassen und Ausprobieren ein. So können

Anfahrt: A 23 und B 5 bis Ausfahrt B 202, dieser dann bis Tönning (hier befindet sich das Multimar Wattforum) folgen. Von dort führen Landstraßen zum NABU Naturzentrum Katinger Watt.
Öffnungszeiten: Nationalpark-Zentrum Multimar Wattforum, April bis Oktober täglich 9–18 Uhr, November bis März täglich 10–17 Uhr, Mahlzeit mit Taucher Mo und Fr (November bis März Mo und Do) 14 Uhr, Beginn der Nachtführungen 19 Uhr; NABU Naturzentrum Katinger Watt, Ausstellung April bis Oktober täglich 10–18 Uhr, im Winter Führungen nach telefonischer Vereinbarung
Preise: Nationalpark-Zentrum Multimar Wattforum Erwachsene 9 €, Familien 25 €
Information: Nationalpark-Zentrum Multimar Wattforum, Dithmarscher Straße 6a, 25832 Tönning, Tel. 04861/962 00, www.multimar-wattforum.de; NABU Naturzentrum Katinger Watt, Katingsiel 14, 25832 Tönning, Tel. 04862/80 04

Eine Ausstellung für die ganze Familie: Mitmachstation im Multimar Wattforum

die Besucher im Brandungsbecken selbst Wellen erzeugen. Es gibt auch ein Streichelbecken mit Meerestieren, und nicht nur Kindern gefällt es durch den Brandungstunnel zu kriechen, während die Wellen über ihren Köpfen zusammenschlagen.

Außerdem ist hier natürlich alles über das Weltnaturerbe und den Nationalpark Wattenmeer zu erfahren, das Zuhause zahlreicher Lebewesen von winzigen Einzellern bis hin zu den großen Kegelrobben. Hinterher weiß man zum Beispiel, welche Bedeutung Miesmuscheln für die Klarheit des Wassers haben, wie Bäumchenröhrenwürmer filigrane Kunstwerke mit Sandkörnern bauen, wie Seepocken Nahrung fangen und wie Schwertmuscheln sich eingraben. Auch auf die brennenden Fragen, wie weit eine Herzmuschel springen kann und warum der Hummer manchmal blau ist, gibt es nun Antworten.

Das Großaquarium ist an sich schon sehr eindrucksvoll, und wenn der Taucher kommt, umso mehr.

Der Ausstellungsbereich »Giganten der Meere« informiert über die im Nationalpark heimischen Schweinswale und man darf hier einem Pottwal mal auf den Zahn fühlen: Das echte Walskelett stammt von einem fast 18 Meter langen und 45 Tonnen schweren Bullen, der vor einigen Jahren im Wattenmeer gestrandet ist. Es besteht aus 157 Knochen und 48 Zähnen. Auf der einen Seite des Kopfes sind noch Spuren zu sehen, die wohl vom Kampf mit einem Riesenkraken stammen. Die Besonderheiten der Bartenwale zeigt außerdem das Skelett eines in Nordfriesland gestrandeten Zwergwals.

NACHTS IM MULTIMAR

Im Multimar Wattforum werden auch Specials wie Nachtführungen angeboten. Ein besonderes Erlebnis, denn viele Tiere werden erst bei Dunkelheit aktiv und zeigen sich im Schein der Taschenlampe.

Wer über das Eidersperrwerk (siehe Kapitel 14) Richtung Norden fährt, kommt direkt an einem weiteren lohnenden Ausflugsziel vorbei. Das **NABU NATURZENTRUM KATINGER WATT** gehört noch zur Gemeinde Tönning und liegt ungefähr 15

Bei einer virtuellen Kutterfahrt kann jeder einmal Krabben fangen.

Kilometer westlich des Hauptortes, in dem sich das Multimar befindet. Beides lässt sich also auf einer Fahrt verbinden.
Die vom Naturschutzbund Deutschland (NABU) betriebene Einrichtung liegt im ehemaligen Watt- und Salzwiesengebiet der Eidermündung. Es wurde von 1967 bis 1973 aus Gründen des Hochwasserschutzes eingedeicht. Als Vogelschutzgebiet Katinger Watt mit Wiesen und Wäldern hat es sich seitdem zu einem einzigartigen Refugium für Pflanzen und Tiere entwickelt, das naturschonend von Rindern beweidet wird. Anzutreffen sind Wiesenvögel wie der Säbelschnäbler und der Kiebitz genauso wie Graugänse und Seeadler mit ihren Jungen. Weitflächige Orchideenwiesen und neue Salzwiesen vor den Dämmen haben hier auch ihren Platz gefunden.
Im Naturzentrum selbst erwartet die Besucher eine kleine Naturgartenoase mit Ausstellung und vielfältigen Naturerlebnissen. Das NABU-Team begleitet auch auf spannende Exkursionen durch das Gebiet und den angrenzenden Nationalpark Wattenmeer. Es betreut, pflegt und managt in Zusammenarbeit mit dem Flächeneigentümer, dem Land Schleswig-Holstein, die vier Schutzgebiete der Eidermündung.

14 Am Eidersperrwerk

Spannende Rast bei Schleusentoren

Viele Urlauber, die Richtung Halbinsel Eiderstedt fahren, wählen die gut ausgebaute Bundesstraße B 5. Dabei verpasst man etwas – führt doch eine Nebenstrecke zu einem imposanten Küstenschutzbauwerk und köstlichen Krabbenbrötchen.

Der Weg ist das Ziel. Diese Lebensweisheit wird an der kurz vor Büsum von der B 202 abzweigenden Landstraße Wirklichkeit. Zwar bedeutet die durch Agrarland führende Alternative auch oftmals, hinter Traktoren herzuschaukeln, doch schon bald lässt die durch das Autofenster hereinziehende, salzige Luft die nun erreichte Nordsee erahnen. Und wer aussteigt und auf den Deich läuft, kann endlich das weite Meer sehen – ein Moment, der den Urlaub einläutet. Dies kann man wunderbar am Eidersperrwerk tun, denn hier, am Wesselburenerkoog, gibt es einen großen Parkplatz. Von dort aus führt auch eine Treppe auf und über das mächtige Küstenschutzkonstrukt. Es ist eines der größten Europas, wurde 1967 errichtet und reguliert den Wasserstand zwischen Binnenhafen und Nordsee. Von oben bietet sich über beide Gewässer eine herrliche Aussicht. Spannend ist auch der Blick auf das Schleusengeschehen: Durch fünf riesige Tore rauscht das Wasser! Wenn ein Schiff das Werk passieren muss, wird einfach die Straße hochgeklappt und für die Autofahrer leuchtet dann eine rote Ampel. Das kann etwas dauern, so sollte man spätestens diesen Moment nutzen, um lieber gleich zu parken und sich das Sperrwerk anzusehen. Der Tourismusverein Wesselburen bietet auch Führungen an.

Der Stopp lohnt sich auch noch aus ganz anderen Gründen: Am Parkplatz

Anfahrt: A 23 bis Heide-West, dort auf die B 203, am Kreisverkehr kurz vor Büsum rechts in Richtung Wesselburen/St. Peter-Ording abbiegen und der Landstraße bis zum Eidersperrwerk folgen. Aus nördlicher Richtung kann man auch über Tönning zum Eidersperrwerk fahren.
Einkehr: Aussichtspavillon am Eidersperrwerk, 25764 Wesselburenerkoog, Tel. 04833/25 87, Fischbistro Katinger Watt 1, Tel. 04833/425 09 96, www.rohr-eidersperrwerk.de
Information: Führungen über das Eidersperrwerk bietet der Tourismusverein Wesselburen an, www.nordseebucht.de.

Von vorne (dem Parkplatz aus gesehen) ahnt man nichts von dem herrlichen Eiderpanorama, das sich im Restaurant und an den hinteren Außentischen bietet.

befindet sich ein AUSSICHTSPAVILLON mit Shop und Fischimbiss. Letzterer ist einschlägig bekannt für seine knackfrischen Krabbenbrötchen und andere Köstlichkeiten von der Küste. Und Nordsee-Souvenirs bekommt man hier auch. Was vom Parkplatz aus kaum ersichtlich ist: Hinter dem Pavillon gibt es einige weitere zum Imbiss gehörende Sitzbänke und Tische – mit grandiosem Eider-Blick fernab der Straße. Familie Rohr betreibt diese Gaststätte schon seit 1974 und hat sie nun durch eine zweite, etwas weiter nördlich liegende Station erweitert: Im FISCHBISTRO KATINGER WATT können auch aus Richtung Sankt Peter-Ording kommende Autofahrer schon vor dem Passieren des Sperrwerks eine Rast einlegen, was besonders bei roter Ampel praktisch ist. Hier geht es übrigens auch zum NABU Naturzentrum Katinger Watt (siehe Kapitel 13).

SCHLEUSUNG DURCH DAS EIDERSPERRWERK

Bei einer Bootsfahrt kann man eine Schleusung durch das Eidersperrwerk selbst hautnah miterleben. Diese Eiderfahrten führen dann sogar noch zu den Seehunden (mit Seetierfang). Infos unter www.adler-schiffe.de.

Besucher können auf das Sperrwerk gehen und sich das technische Schauspiel ansehen – ein kostenloses Vergnügen.

Wesselburen 15

Wo Kohl nicht igitt ist

Bei dem Gemüse verziehen viele Kinder das Gesicht. Dies ändert sich schlagartig bei einem Besuch im Kohlosseum: Hier bekommt der Kohl – teils auch wörtlich – ein Gesicht und man darf zum Beispiel dabei zusehen, wie Sauerkraut entsteht.

Wesselburen gehört bereits zum Landkreis Dithmarschen, traditionell die Kohlkammer Deutschlands, was schon daran zu erkennen ist, dass Kohlköpfe in allen Variationen von vielen Höfen an Straßenständen verkauft werden. So gab es hier auch einmal eine Sauerkrautfabrik: Ein prächtiger Bau aus der Gründerzeit mit filigranen Rundbogenfenstern steht unübersehbar an

Auf dem Bauernmarkt im Kohlosseum gibt es auch noch einige andere regionale Produkte und Schönes aus dem Watt.

Anfahrt: A 23 bis Heide-West, dort auf die B 203, am Kreisverkehr kurz vor Büsum rechts in Richtung Wesselburen abbiegen und der Landstraße noch ca. 4 km bis Süderdeich folgen
Öffnungszeiten: Kohlosseum Di bis Do 14–17 Uhr, Vorführung in der Krautwerkstatt Di bis Do 14 Uhr oder nach Vereinbarung, Bauernmarkt jeweils zu den Öffnungszeiten
Preise: Kohlosseum Erwachsene 2 €, Kinder haben freien Eintritt
Information: Kohlosseum, Bahnhofstraße 22a, 25764 Wesselburen, Tel. 04833/458 90, www.kohlosseum.de, www.dithmarscher-kohltage.de; Tourismusverein Wesselburen und Umland e. V., Am Markt 5, 25764 Wesselburen, Tel. 04833/41 01, www.nordseebucht.de, www.wesselburen-ferien.de

der Durchfahrtsstraße. Er wurde im Jahr 1865 errichtet, ursprünglich als Zuckerfabrik, und diente später der Verarbeitung von Weißkohl in Sauerkraut.

Nach ihrer Stilllegung verwandelte sich die alte Fabrik in das **KOHLOSSEUM**, ein Museum rund um den Kohl mit Informationszentrum und Bauernmarkt. Bei dem Rundgang gerät man ins Staunen darüber, was alles in dem Gemüse steckt, das sich sogar zu »Schönheitsmachern« verarbeiten lässt. Die Ausstellung informiert über die geschichtlichen Hintergründe des Kohls, seine Anpflanzung und Verarbeitung. Dabei wird besonders auf die Herstellung von Sauerkraut eingegangen: In der **KRAUTWERKSTATT** weiht Krautmeister Hubert Nickels, langjähriger Mitarbeiter der Wesselburener Sauerkrautfabrik und heute die »Seele« des Kohlosseums, in die Geheimnisse ein, führt vor, wie ein Bio-Natursauerkraut in Handarbeit hergestellt wird. Und eine Kostprobe gibt es dabei auch.

ANTIK- UND FLOHMARKT

Regelmäßig findet in den Hallen der ehemaligen Sauerkrautfabrik auch ein Antik- und Flohmarkt statt; Termine siehe Homepage.

Im Obergeschoss des Gebäudes ist auf einem riesigen Dachboden eine Ausstellung zur Kohlregion Dithmarschen zu erleben, die unter anderem historische landwirtschaftliche Geräte zeigt. Etwas staubig zwar, doch gerade dies vermittelt umso mehr das Gefühl, eine kleine Zeitreise anzutreten. Zu sehen sind unter anderem eine Kücheneinrichtung und ein kleines Klassenzimmer von anno dazumal. Im Erdgeschoss können Besucher auf dem hauseigenen **BAUERNMARKT** stöbern und einkaufen. Angeboten wird eine große Auswahl an Kohlprodukten, darunter auch Sauerkrautschnaps oder Pflegeprodukte auf Kohlbasis. Und für Kinder gibt es den Kohl als großes, lachendes Lolli-Gesicht – und der schmeckt in diesem Fall natürlich süß. Außerdem sind schöne Mitbringsel aus der Region zu finden sowie weitere Genuss- und Gesundheitsprodukte, etwa Kunst aus dem Watt oder Sanddornlikör.

Die Region Dithmarschen liefert jährlich rund 80 Millionen Kohlköpfe der Sorten Rotkohl, Weißkohl und Wirsing. Das wird alljährlich bei den **DITHMARSCHER KOHLTAGEN** im Herbst ganz groß gefeiert, mit viel Spaß, Kultur und Genuss.

Wer immer noch nicht von dem Gemüse überzeugt ist, dürfte zumindest hieran Geschmack finden.

16 Büsum

In der Hauptstadt der Krabben

Sie sind überregional als Spezialität bekannt und auf manchem Brötchen zu finden: Büsumer Krabben. So gibt es hier rund um die Nordseegarnele einiges zu erleben: Im »museum am meer«, im Kutterhafen oder live dabei auf einer Krabbenfangfahrt.

Während andere Ferienorte an der Nordsee für ihre Sandstrände bekannt sind, ist der Strand in Büsum grün. Hier zieht vor allem der AUSFLUGS- UND FISCHEREIHAFEN zahlreiche Besucher an. Eine der größten Krabbenkutter-Flotten Schleswig-Holsteins ist in dem Hafen zu Hause. Man kann die beliebten Meeresfrüchte auch fangfrisch direkt vom Boot kaufen, und wer zuvor etwa in Tönning (siehe Kapitel 12) das Pulen erlernt hat, ist nun klar im Vorteil. Doch es geht auch, ohne einen Kurs besucht zu haben. So schwer ist es nicht und garantiert gibt es in Büsum immer irgendwo jemanden, er es einem zeigen kann. Und: Übung macht den Meister!

Über den Alltag der Küstenfischer und die Krabbenverarbeitung informiert das MUSEUM AM MEER. Es bietet einen Blick auf die Krabbensiebanlage im Hafen und macht eine virtuelle Fahrt auf einem Krabbenkutter möglich. Auch außerhalb des Gebäudes sollte man die Augen offen halten: Es sind neun Schautafeln zu entdecken, die vom historischen Krabbenfang, dem Fanggeschirr der Krabbenfischer und anderen Themen berichten – ein fischereigeschichtlicher Spaziergang, der vom Leuchtturm bis zum Museum führt. Am besten also startet man beim BÜSUMER LEUCHTTURM, ein kleines Schmuckstück in rotweiß, folgt dann den Tafeln und krönt die Tour mit einem Museumsbesuch.

Anfahrt: A 23 bis Heide-West, dort auf die B 203 bis Büsum
Öffnungszeiten: museum am meer März bis November Di bis Fr 11–17 Uhr, Sa 13–17 Uhr, So 11–17 Uhr
Preise: museum am meer Erwachsene 3 €, Jugendliche 13–18 Jahre 1,50 €, Kinder 6–12 Jahre 1 €, Familienkarte 5 €
Information: Tourist-Info in der Lesehalle des Gäste- und Veranstaltungszentrums, Südstrand 11, 25761 Büsum, Tel. 04834/909-114, www.buesum.de; museum am meer, Am Fischereihafen 19, 25761 Büsum, Tel. 04834/67 34, www.museum-am-meer.de; Erlebnisbad Piratenmeer, www.piraten-meer.de

Da sieht man den Wald vor lauter Masten nicht … Kutter im Hafen von Büsum.

Auch zu einer **KRABBENFANGFAHRT** können Urlauber in Büsum starten. Die Kapitäne erzählen von ihren Fangtechniken, und wenn sich die prall gefüllten Netze an den Seiten des Kutters triefend aus dem Wasser heben, ist darin noch mehr zu sehen als die Nordseegarnele: Fische, Krebse, Muscheln und Schnecken werden in ein kleines Meerwasserbassin sortiert, wo jeder sie in Ruhe betrachten kann und von der Besatzung erklärt bekommt. Dann geht es an die Krabben. Sie werden

In Albersdorf geht es auf eine Reise zu den Jägern und Sammlern.

STEINZEITPARK ALBERSDORF

Bei der An- oder Abreise nach Büsum lohnt sich ein Abstecher nach Albersdorf bei Heide nahe der A 23. Hier befindet sich der Steinzeitpark Dithmarschen, eine urgeschichtliche Kulturlandschaft aus der Zeit um 3000 v. Chr., die auf einem rund 40 Hektar großen Freigelände rekonstruiert wurde. In der Nähe der vielen Großsteingräber und Grabhügel, die man rund um den Luftkurort Albersdorf herum fand, entsteht ein »Steinzeitdorf«, in dem steinzeitliche Tätigkeiten wie Flintschlagen, Bogenschießen oder Feuermachen angeboten werden. April bis Oktober Di bis So täglich 11-17 Uhr, Süderstr. 47 in 25767 Albersdorf, www.aoeza.de.

direkt an Bord gekocht, gepult, und man darf natürlich auch davon probieren. Einige Kapitäne verleihen jungen Gästen auch ein »Wattenschifferpatent«.

Obendrein hat Büsum einen sehenswerten **MUSEUMSHAFEN**. Hier liegen ganzjährig schmuck restaurierte, vereinseigene Schiffe wie die Gaffelkutter »Margaretha« oder »Fahrewohl« und der alte Seenotretter »Rickmer Bock«. Rund um den Ankerplatz sind außerdem noch viele weitere Relikte aus früheren Zeiten zu entdecken, etwa ein altes Molenfeuer, der erste hölzerne Büsumer Leuchtturm von 1878 als Nachbau, die Schottschen Karren, mit denen einst die Fische und Krabben transportiert wurden, der alte Hafenlastenkran und einige andere Dinge.

Ein Museumsbesuch der ganz anderen Art ist schließlich im Büsumer **FREILICHT-DEICHMUSEUM** an der Mittelweide zu erleben. Es entführt in die Deichgeschichte der Westküste von 1200 bis zum 21. Jahrhundert. Dabei dürfen drei nachgebaute

Deiche aus den Jahren um 1200, um 1600 und um 1800 das ganze Jahr über begangen werden. Sie veranschaulichen, wie unterschiedlich diese Küstenschutzkonstrukte zu den verschiedenen Zeiten waren. Schautafeln informieren rund um das Thema Deich. Dabei ist etwa zu erfahren, welche verschiedenen Deichprofile es gibt und wie Deiche überhaupt entstanden sind. Zwischen den Deichen stehen Picknickbänke, an denen man eine Rast einlegen kann. Also ein schönes Ausflugsziel zu jeder Jahreszeit! Und noch ein Hinweis: Zum Deichmuseum geht es am besten über den Park-

Vom Büsumer Hafen aus startet eine der größten Krabbenkutter-Flotten an der Nordseeküste.

platz P1 in Büsum. Von hier aus sind es nur rund 200 Meter. Auch der Fahrradweg am Deich führt direkt am Deichmuseum vorbei.

Und wer anschließend noch mutig genug ist, sich in die Wellen zu stürzen, besucht das ERLEBNISBAD PIRATENMEER in Büsum. Hier gibt es unter anderem ein »Störtebecken« mit 600 000 Litern Meerwasser, die regelmäßig für eine aufregende Nordseebrandung sorgen, und – psst! – eine Schatzinsel-Sauna.

17 Seehundstation Friedrichskoog

Zu Besuch bei den Robben

Ja, sie sind einfach süß ... Kaum jemand denkt etwas anderes beim Anblick der Tiere mit den großen Kulleraugen. Das verleitet auch dazu, sie falsch einzuschätzen. Hier, wo gefundene Heuler aufgezogen werden, erfahren Besucher mehr über ihr Leben.

Wie für Besucher in Szene gesetzt ... Das haben sich die Tier sicher nicht absichtlich so überlegt, aber es ist gelungen.

Anfahrt: A 23 bis Itzehoe, dort auf die B 5 bis Friedrichskoog
Öffnungszeiten: Die Seehundstation Friedrichskoog hat täglich für Besucher geöffnet. Die aktuellen Öffnungs- und Fütterungszeiten sowie Eintrittspreise entnehmen Sie bitte der Homepage www.seehundstation-friedrichskoog.de.
Preise: aktuelle Preise s. Homepage
Information: Seehundstation Friedrichskoog e. V., An der Seeschleuse 4, 25718 Friedrichskoog, Tel. 04854/ 13 72, www.seehundstation-friedrichskoog.de

Die Seehundstation Friedrichskoog e. V. gibt es seit 1985. Es ist die einzige autorisierte Aufnahmestelle für verlassen oder erkrankt aufgefundene Robben in Schleswig-Holstein. Als gemeinnütziger Verein finanziert sie sich komplett aus Eintritts- und Spendengeldern. Besucher sind also willkommen und können sich das ganze Jahr über die Tiere – Seehunde, Kegelrobben und andere heimische Meeressäuger – informieren. Dabei ist auch manches über die Biologie, Gefährdungen und Schutzmaßnahmen im Lebensraum Wattenmeer zu erfahren.

In einem weiteren Bereich geht es um die »Robben der Welt«. Es ist eine Erlebnisausstellung, die auch zum Mitmachen einlädt. Hier kann man sich etwa die Rufe der Heuler anhören oder an einem Computer selbst einmal Seehunde zählen, eine Arbeit, die zu den Aufgaben der Tierschützer gehört. Heu-

Auch wenn die großen Augen rührend sind: Robben und Seehunde sind Wildtiere, die man mit Respekt behandeln sollte.

ler sind von der Mutter verlassene Jungrobben, und es verwundert kaum, dass Strand- oder Wattwanderer, die auf solch ein verzweifelt klingendes Tier stoßen, es am liebsten streicheln oder mitnehmen würden. Doch das bewirkt nur das Gegenteil, die Heuler haben dann kaum noch eine Chance, wieder erfolgreich ausgewildert zu werden. Und nicht jeder vermeintliche Heuler wurde wirklich verlassen, daher

muss jeder Einzelfall vorsichtig geprüft werden. Denn das Heulen ist ein normaler Kontaktlaut des Jungtieres, mit dem es seine Mutter ruft, und kein Klagen.

Aus diesem Grund sind die Heuler in der Seehundstation Friedrichskoog von Besuchern abgeschirmt. So können sich die wilden Tiere am besten wieder in ihren natürlichen Lebensraum einfinden, wenn sie wieder dorthin zurückgebracht werden. Die Station hat aber auch einige Dauergäste, die man besuchen darf: In einem Salzwasserbecken tummeln sich Seehunde und Kegelrobben, die aus verschiedenen Gründen nicht ausgewildert werden konnten oder in Gefangenschaft geboren wurden. Den besten Überblick über die gesamte Station bietet ein 17 Meter hoher Turm. Hier kann man auch noch weit über das Wattenmeer schauen.

WATTOLÜMPIADE BRUNSBÜTTEL

Von Friedrichskoog ist es nicht weit nach Brunsbüttel an der Elbmündung. Hier wird jährlich ein großes Matschfest veranstaltet, mit Wattlethen, die sich im Schlick in olümpischen Disziplinen messen. Ein Riesenspaß! www.wattoluempia.de.

Ausflug mit Spaß-Garantie: Wer zu der Zeit in der Gegend ist, sollte unbedingt zur Wattolümpiade kommen.

Helgoland 18

Deutschlands einzige Hochseeinsel

Auf steilen, roten Felsen ragt sie aus der Nordsee: Helgoland ist anders als die anderen Inseln und ein spektakuläres Ziel schon für einen Tagesausflug. Zu sehen sind etwa die Hummerbuden, der Lummensprung und die herrliche Badedüne. Touren starten regelmäßig ab dem Festland.

Anfahrt: Mit der Fähre ab Wedel nach Helgoland, www.helgoline.de
Information: Helgoland Touristik, Lung Wai 28 (im Rathaus), 27498 Helgoland, Tel. 04725/20 67 99, www.helgoland.de

Schon von Weitem beeindruckt das Wahrzeichen der Insel: Als bizarrer, roter Steinkoloss ragt die LANGE ANNA an der Nordspitze Helgolands empor. Direkt daneben befindet sich das wohl kleinste Naturschutzgebiet der Welt: der Lummenfelsen. Wer zwischen Mitte und Ende Juni auf der Insel ist, kann hier ein einmaliges Naturschauspiel erleben: Den Sprung der Trot-

Die farbenfrohen Hummerbuden schrieben Fischereigeschichte. Heute sind sie vor allem ein Blickfang.

tellummen von den Klippen. Angelockt von den Rufen der Eltern, stürzen sich die noch flugunfähigen Küken dann aus dem Brutfelsen bis zu 50 Meter in die Tiefe. Den harten Aufprall überstehen sie unbeschadet, weil ihr Körperbau dafür wie geschaffen ist. Über das Ereignis und die schönsten Plätze informiert der Verein Jordsand.

Landschaftlich hat die Insel aber noch weitaus mehr zu bieten. Rund einen Kilometer von der Hauptinsel entfernt – und vom Tagestourismus fast unberührt – liegt Helgolands **BADEDÜNE**, ein Paradies für Sonnenanbeter und Natururlauber. Fehlt die Zeit, sie selbst zu besuchen, so kann man vom **PINNEBERG** einen schönen Blick darauf werfen. Genau, der Pinneberg – viele kennen ihn nicht, obwohl er Helgolands höchster Gipfel ist. Er ist 61,3 Meter hoch, und damit fast 15 Meter höher als die Lange Anna. Er wurde nach der schleswig-holsteinischen Gemeinde Pinneberg benannt, zu der Helgoland gehört (auch das weiß kaum jemand). All dies veranlasste 1998 vier mutige Bergsteiger aus Itzehoe dazu »unter großen Mühen und Entbehrungen diese Erhebung der 61-Meter-Kategorie« zu erklimmen. Sie stellten ein mitgebrachtes Gipfelkreuz auf und tauften die Kuppe feierlich Pinneberg. Sie entstand übrigens am 18. April 1947 durch die Operation Big Bang, als die Briten Bunkeranlagen auf Helgoland mit einer Wucht sprengten, die fast halb so stark war wie die der Hiroshima-Bombe. Der Pinneberg ist über einen kurzen Trampelpfad vom Klippenrandweg aus zu erreichen. Am Gipfelkreuz kann man sich sogar im Gipfelbuch verewigen. Bekannt wiederum ist Helgoland für seine HUMMERBUDEN, die farbenfrohen Häuser im Hafen, die heute unter anderem kleine Läden beherbergen. Denn der Hummerfang hat Tradition auf der Insel, was zu einer Dezimierung der Bestände führte. Um ihre Erholung kümmert sich die Biologische Anstalt Helgoland des Alfred-Wegener-Instituts, die auch einjährige Hummer-Patenschaften (25 €) vergibt. Paten dürfen bei der Auswilderung ihres Jungtieres dabei sein, bekommen eine Urkunde und einen Gutschein für eine Führung durch die Züchtungshalle.

Auch für die roten Felsen ist Deutschlands einzige Hochseeinsel berühmt.

Ein steiles Stück Land mitten im Meer, im Vordergrund die »Lange Anna« – das ist Helgoland.

Was Sie trotz Kindern gesehen haben müssen

19 Emil-Nolde-Stiftung Seebüll

In Seebüll nahe der deutsch-dänischen Grenze erinnert eine Stiftung an den berühmten Maler Emil Nolde, mit Ausstellungen in seinem ehemaligen Wohn- und Atelierhaus. Der Künstler prägte die Epoche des Expressionismus im frühen 20. Jahrhundert maßgeblich. Seine Arbeiten werden in vielen Museen weltweit präsentiert. Auf einer Warft im Marschgelände ließ er ein selbst entworfenes Wohngebäude mit Atelier errichten. Dazu gestaltete er einen herrlichen, wie gemalten Blumengarten. Bei einem Besuch der Nolde-Stiftung ist die rekonstruierte Blütenpracht zu erleben. Auch das genauso eindrucksvoll gestaltete Wohnhaus steht als Museum allen Interessierten offen. Die ursprüngliche Atmosphäre wurde bewahrt, so fühlt man sich wie ein Gast im Atelier des Künstlers. Die Ausstellung umfasst rund 170 Werke, viele davon sind dauerhaft zu sehen, etwa das neunteilige Leben Christi und weitere religiöse Bilder. Außerdem gibt es jährlich wechselnde Ausstellungen zu besonderen Themen. Zur Stiftung gehören auch ein modernes Besucherforum mit Malschule und Ausstel-

Das ehemalige Wohnhaus und Atelier des Malers steht auf einer Warft.

lungen zum Leben Emil Noldes und ein Café. Mehr Infos unter: Stiftung Seebüll Ada und Emil Nolde, www.nolde-stiftung.de.

20 Geschlechterfriedhof Lunden

Die nahe Tönning gelegene Gemeinde besaß von 1529 bis 1559 das Stadtrecht und war das Zentrum der alten Bauernrepublik Dithmarschen. Von dieser Zeit erzählt der Geschlechterfriedhof an der St. Laurentius-Kirche (ca. 12. Jahrhundert). Die Grabstätten wurden von den großen Bauerngeschlechtern, den sogenannten Siedlungsgemeinschaften, im 16. und 17. Jahrhundert errichtet. Eindrucksvoll anzusehen sind die Sandsteinplatten und der Grabkeller. 25774 Lunden.

21 Meldorfer Dom

Das wohl bedeutendste sakrale Bauwerk der schleswig-holsteinischen Nordseeküste steht in einem 7000-Einwohner-Städtchen zwischen Büsum und Friedrichskoog. Genau genommen handelt es sich um die Sankt-Johannis-Kirche. Ein Bistum ist Meldorf nie gewesen. Trotzdem kündigt ein Schild an der Autobahn stolz den »Meldorfer Dom« an, denn gemessen an der Größe ist es der »Dom der Dithmarscher«, so hat man es beschlossen. Das Bauwerk wurde zwischen 1250 und 1300 als dreischiffige Basilika errichtet, mit einem dreijochigen Querhaus und einem plattgeschlossenen Chor. Sein heutiges Äußeres erhielt es nach einem Brand im Jahr 1866. Die mittelalterliche Gestaltung des Innenraumes ist weitgehend erhalten geblieben. Zu bewundern sind Gewölbefresken mit biblischen Motiven und Heiligenbildern aus dem 13. Jahrhundert, die in ihrer Pracht und Anzahl vom Reichtum der Bauernrepublik Dithmarschen zeugen. Auch beeindruckt der Passionsaltar von 1520 mit farbenprächtigen, vergoldeten Figuren. Das große bronzene Taufbecken stammt noch aus der Gründungsphase der Kirche. Sie diente einst übrigens als Seezeichen, denn Meldorf lag früher an der Nordseeküste – auf einer ins Wattenmeer hineinragenden Geestinsel. Durch Landgewinnung rückte der Ort etwa sechs Kilometer weit ins Binnenland. Sehenswert sind auch das regionalhistorische Dithmarscher Landesmuseum, das Schleswig-Holsteinische Landwirtschaftsmuseum und das Burgviertel südlich des Marktplatzes. 25704 Meldorf.

Schlechtwettertipps

22 Fun Center Husum

Wenn sich Husum dann doch einmal grau zeigt, ist der Indoor-Spielplatz eine farbenfrohe Alternative für Kinder zwischen 2 und 14 Jahren – mit einem Niedrigseilgarten, dem Spieldorf »Lütt-Husum«, Trampolinen und Bumpercars, Klettergerüst und Wellenrutsche, Soccerfeld und Musikraum. Alle Spielgeräte sind auch für Erwachsene geeignet, sodass Eltern, Großeltern oder schon ältere Freunde zusammen mit den Kindern spielen können. Dabei sorgen die Animateure und Erzieher für eine qualifizierte Kinderbetreuung, auch bei Sonderveranstaltungen oder Kindergeburtstagen.
www.funcenter-husum.de

23 Dünentherme Sankt Peter-Ording

Eine Nordsee im Kleinformat wartet hinter den Glasfronten: angenehm temperiertes Meerwasser und zu jeder halben und vollen Stunde zehn Minuten Wellen (11 bis 21 Uhr) im großen Schwimmbecken. Der Knaller sind die Außentherme und die Saunalandschaft direkt vor den Dünen, mit Blick bis hin zum Wattenmeer. Hier kann man es auch bei Wind und Wetter gut aushalten, und sogar einige Strandkörbe gibt es. Zu dem mehr als 1000 Quadratmeter großen Freizeit- und Erlebnisbad gehört auch ein Wellness- und Gesundheitszentrum mit unter anderem Thalasso-Anwendungen. Auch Sankt Peter-Ordings hauseigene Heilmittel kommen zum Einsatz: Meerwasser, Schlick und Schwefelsole. Gäste des benachbarten StrandGut Resorts haben einen direkten Zugang zur Dünentherme und können gleich im Bademantel kommen. Das Drei-Sterne-Hotel bietet auch spezielle Arrangements für Familien an.
www.st-peter-ording.de/freizeit-und-erlebnisbad.html

24 Nordseebernsteinmuseum SPO

Doch, es gibt das Gold der Ostsee auch an der Nordsee – und damit auch am weiten Strand von St. Peter-Ording. Es ist jedoch reichlich Gespür erforderlich, um hier Bernstein zu finden. Wenn es regnet (und natürlich auch

Zwischen Kiefernwald und Dünen, mit Blick auf die Nordsee: Die Therme von Sankt Peter-Ording in bester Lage.

sonst), kann man sich im Nordseebernsteinmuseum schon einmal mit Tipps und Tricks für die Suche eindecken. Außerdem vermittelt das Museum, zentral im Ortsteil Dorf gelegen, Wissenswertes zur Entstehungsgeschichte, zu Transportwegen und zur Verbreitung des fossilen Harzes. Ausstellungsstücke (das älteste ist 14 000 Jahre alt) und Schautafeln veranschaulichen die vielen Facetten der Bernstein-Geschichte, angefangen von der Entstehung vor rund 50 Millionen Jahren über die Verwendung und Verehrung des Schmucksteins bis hin zu modernen Bearbeitungsmethoden. Darüber hinaus gibt es zu Ferienzeiten Kurse im Bernsteinschleifen für Kinder, Vorträge und andere Veranstaltungen. Laut Inhaber und »Bernsteinmann« Boy Jöns, der auch Schmuckstücke anfertigt, hat das Museum »jede Menge Oh- und Ah-Effekte zu bieten«. Also nichts wie hin!
www.nordsee-bernsteinmuseum.de

Ferienspaß am Strand von Borkum, im Hintergrund: Die Bäderarchitektur.

DIE NIEDER-SÄCHSISCHE KÜSTE

Die Ferienregion

Ein Nordseeurlaub in Niedersachsen bedeutet oft Urlaub in Ostfriesland, denn die Region nimmt den Großteil der Küstenfläche ein. Genau genommen umfasst sie die Landkreise Leer, Aurich und Wittmund mit den zugehörigen sechs Inseln sowie die kreisfreie Stadt Emden, während der Landstrich bei Wilhelmshaven mit dem Wangerland und der Insel Wangerooge eigentlich nur »Friesland« heißt.

Doch so genau nimmt man es aus touristischer Sicht nicht und spricht auch im weiteren Sinne von Ostfriesland, meint dann also den gesamten Bereich der großen Halbinsel zwischen Ems und Jadebusen

Abseits der Küsten bezaubert so manche Ortschaft.

mit ihren sieben bewohnten Inseln. Östlich davon sind vor allem Bremerhaven und Cuxhaven als Ferienorte von Bedeutung.

Die Nordseeküste ist hier anders als in Schleswig-Holstein. Zwar prägt genauso das Wattenmeer die Region, doch es gibt auch viele Eigenheiten, eigene Sitten und Gebräuche wie die besondere Teezeremonie, und die Nähe zu den Niederlanden macht sich bemerkbar. Die Landschaft ist von Sielen, Tiefs und Leiden geprägt. Das hat mit Frust nichts zu tun, vielmehr heißen die zu den Sielen führenden Kanäle in Ostfriesland »Tief« beziehungsweise die kleineren »Leide«. Sie bilden ein Netz aus Wasserstraßen wie das Neuharlinger Sieltief, Stuhlleide, Falstertief, Rietleide und Meyenburger Tief. So lässt sich Ostfriesland auf Wasserwanderwegen auch wunderbar mit dem Kanu oder anderen Booten erkunden. Besonders sind hier auch die Meere – gemeint ist nicht die Nordsee, sondern es ist die Bezeichnung für die ostfriesischen

Binnenseen, wie etwa das »Große Meer« bei Emden.
Auch die Sielorte sind in ihrer Gestalt und Häufigkeit typisch für Ostfriesland. Von Greetsiel bei Emden bis Hooksiel bei Wilhelmshaven reihen sie sich entlang der Nordseeküste, darunter finden sich schmucke Hafenorte wie Neuharlingersiel und Carolinensiel. Viele Sielorte dienen auch als Fährhafen zu den Ostfriesischen Inseln, einige haben außerdem einen Sandstrand oder grünen Strand und oft auch einen Campingplatz. Die Strände hier sind meist ebener und wirken etwas karger und geordneter als die Dünenstrände auf den Inseln. Wer also das besondere Naturerlebnis sucht, sollte sich eher für einen Inselurlaub entscheiden. Doch vielen Familien wiederum gefällt auch das breite Angebot in Ferienregionen wie Esens-Bensersiel und dem Wangerland mit kinderfreundlichen Unterkünften, Indoor-Spielplätzen und vielem mehr. So kann es sinnvoll sein, den Urlaub dort zu verbringen und die Inseln auf Tagesausflügen zu besuchen. Das Festland bietet zudem umso mehr Kultur in Städten wie Emden, Norden, Aurich, Wittmund und Jever. Ein Kleinod ist die Krummhörn ganz im Westen des Landes mit ihren vielen Warfendörfern.

Die drei »V-Städte« Wilhelmshaven und – östlich der Weser – Bremerhaven und Cuxhaven bieten viel Historisches und Kulturelles zum Thema Meer und Schifffahrt, zu Themen wie Marine, Fischerei und

Besonders auf der Insel findet man herrliche Dünenlandschaften.

Oben: Schafe sind natürlich auch in Ostfriesland häufig anzutreffen.

Hafenwelten. Auch das Strandvergnügen kommt dabei nicht zu kurz, so hat Cuxhaven sandige und grüne Strände und ist das Tor zur Insel Neuwerk, die zu Hamburg gehört.

Fünf tolle Strände

Es folgen nun einige Vorschläge für landschaftlich besondere Strände oder solche, die bei Familien besonders beliebt sind. Angesichts dieser Auswahl sollte man jedoch keineswegs die anderen Küstenorte oder Inseln übersehen, die auch schöne Strände haben – zumal es auch von den eigenen Vorlieben und Erwartungen abhängt. Mehr dazu in den jeweiligen Kapiteln dieses Buches.

Auch grüne Strandbereiche sind vielerorts zu finden.

So kommen auch ältere Geschwister gern mit nach Borkum, denn da kann man im **Jugendbad** voll aufdrehen: laut Musik hören, selbst Musik machen und sogar ein Lagerfeuer anzünden, wenn es vorher angemeldet wurde. Auch gibt es reichlich Platz für Soccer, Beachvolleyball, Basketball, Torwandschießen und anderen Sport. Toll für die ganze Familie ist das benachbarte Nordbad mit Strandpromenade, das geschützt vor der langen Sandbank des Borkumriffs liegt. Eltern und kleine Geschwister könnten sich also auch hierher verduften, während die Großen im Jugendbad chillen, und man ist trotzdem nicht weit voneinander entfernt.

Landschaftlich gesehen, ist der 17 Kilometer lange Strand auf **Juist** ganz klar der Favorit in Ostfriesland. Nahtlos und dünenreich säumt er die gesamte Nordküste der autofreien Insel, die nur bis zu 900 Meter breit ist. Der Strand ist also immer in der Nähe genauso wie das Meeresrauschen, für Kinder im gleichen Maße ein Paradies wie für Ruhesuchende. Hier findet jeder sein Plätzchen. Weil die Fähre gezeitenbedingt nur selten fährt, ist das auch »Zauberland« (Töwerland) genannte Juist eher ein Ziel für mehrere Urlaubstage als für eine

Tagestour, was sich wiederum an weniger Trubel bemerkbar macht. Auch das unbekanntere **Baltrum** ist für Familien wie geschaffen: genauso autofrei, genauso herrliche Strände – nur um gut zwei Drittel kürzer. Die Insel ist gerade mal fünf Kilometer lang und knapp eineinhalb Kilometer breit. Mit ihren Dünenlandschaften, durch die verschlungene Pfade führen, ein Reich für Entdecker. Baltrum ist per Fähre und sogar zu Fuß (bei Wattwanderungen ab Nesmersiel) zu erreichen. Es lohnt sich auch für einen kurzen Tagesausflug – schon die Überfahrt und ein Bummel durch das Inseldorf sind ein Erlebnis.

Auf dem Festland zählt das **Nordseeheilbad Schillig** mit seinem langen Sandstrand zu den beliebtesten Ferienorten. Es liegt ganz im Norden der Region Wangerland, gegenüber der Insel Wangerooge, die man vom nahe gelegenen Carolinensiel aus auch per Fähre besuchen kann. Am Strand von Schillig herrscht bunter Badetrubel, es gibt einen Bereich für Hunde und einen sehr großen Campingplatz. Bei Ausflügen sind sehenswerte Dörfer und Hafenorte zu erleben, auch ist der Weg nach Wilhelmshaven nicht weit.

Baltrum, das Dornröschen des Wattenmeeres, wurde zum Glück wachgeküsst.

Oben: 17 Kilometer lang ist dieses Paradies: die Insel Juist.

Außerhalb Ostfrieslands ist **Cuxhaven** ein Hotspot für Badeurlaub in Niedersachsen. Lange Sand- und Grünstrände erstrecken sich entlang der verschiedenen Ortsteile, und mit der »Alten Liebe« hat die Ortschaft einen berühmten Schiffsanleger. Hier starten auch die Fähren zur vorgelagerten Insel Neuwerk und nach Helgoland.

25 Emden

Wo der größte Spaßvogel herkommt

Emden ist die Geburtsstadt von Otto Waalkes, noch besser bekannt einfach als »Otto«. Hier steht ein ihm gewidmetes Museum, das natürlich ein lustiges ist. Und auch sonst hat das Kultur- und Wirtschaftszentrum nahe der holländischen Grenze viel zu bieten.

»Die schlimmsten drei Jahre meiner Schulzeit flogen an mir vorbei: die erste Klasse!« – mit Sprüchen wie diesem wurde er berühmt. Viele, die inzwischen Eltern oder Großeltern sind, kicherten über Ottos frühere Sketche und seine Filme wie »Otto – der Außerfriesische«. Heute lachen Kinder und Erwachsene genauso über alte und neue Späße des Blödelbarden, über Kino-Hits wie die »7 Zwerge«, und seine Ottifanten kennt wohl auch jeder. Der berühmte Komiker, geboren am 22. Juli 1948 in Emden, ist ein Paradebeispiel für den Humor der Ostfriesen mit ulkigen Wortspielereien, aus denen wohl auch die Ostfriesenwitze entstanden. Denn hier klopft man gern auch mal blöde Sprüche, die Auswärtige oft viel zu ernst nehmen … So sind die Ostfriesen keineswegs so »doof«, wie manche der Witze nahelegen, sondern ganz im Gegenteil – sie nehmen damit andere gern mal auf die Schippe.

Ein Ottifant platzt aus der Backsteinfassade des Hauses Große Straße Nr. 1, denn dies ist DAT OTTO HUUS. In dem lustigen Museum geht es natürlich um Ottos Werke, doch man erfährt auch noch viel mehr über den prominenten Ostfriesen. Zu sehen sind etwa private Fotos, die Klein-Otto bei seiner Einschulung zeigen, und Requisiten aus seinen Filmen. Im zugehörigen Otto-Kino werden Sketche aus Bühnen-Shows, Ausschnitte aus TV-Sendungen und Ottos Filme

Anfahrt: Über die A 1 bis Abfahrt Cloppenburg, oder über die A 28 sowie die A 31 nach Emden
Information: Tourist-Info Emden, Bahnhofsplatz 11, 26721 Emden, Tel. 04921/97 40-0, www.emden-touristik.de; Ratsdelft, Stadtzentrum, 26721 Emden, Tel. 04921/890 70, www.emden-hafen.de; Dat Otto Huus, Große Straße 1, 26721 Emden, Tel. 04921/221 21, www.ottifant.de; Ostfriesisches Landesmuseum Emden, Rathaus am Delft, Brückstraße 1, 26725 Emden, Tel. 04921/87 20 58. www.landesmuseum-emden.de

Maritimes Zentrum der Stadt ist der Ratsdelft, einst ein bedeutender Warenumschlagplatz. Viele Sehenswürdigkeiten sind von hier aus fußläufig zu erreichen.

vorgeführt, von »Otto der Film«, dem ersten, bis zum Kino-Hit die »7 Zwerge«.

Das Otto Huus steht dort, wo Emden am schönsten ist: Gleich um die Ecke liegt der RATHAUSPLATZ mit dem RATSDELFT, das historische Herz der Stadt. Der Ratsdelft ist kleiner, nordwestlicher Ableger des Emder Hafens, der sich mitten in der Stadt direkt am Emder Rathaus befindet. Hier, wo das Flüsschen Ehe in die Ems mündete, entwickelte sich ab 800 n. Chr. der Delft zu einem stattlichen Binnenhafen. Zur Blütezeit Emdens war dies der wichtigste Warenumschlagplatz an der Nordsee; um 1570 lagen hier mehr Schiffe als im gesamten englischen Königreich. Früher also war der Ratsdelft noch größer. Das Hafentor, die Einfahrt zum mittelalterlichen Hafen, wurde 1635 durch den Emder Stadtbaumeister Martin Faber errichtet. Noch bis nach 1900 spielte der Ratsdelft eine

OTTOS TURM

Im Film »Otto – der Außerfriesische« (1989) wohnt Otto in dem rot-gelb geringelten Leuchtturm von Pilsum, und den gibt es wirklich. So wurde das drollig wirkende Bauwerk, das in der Gemeinde Krummhörn (siehe Kapitel 27) steht, als »Ottos Turm« bekannt. Also am besten erst den Film gucken, und dann noch nach Pilsum fahren!

Schon die Fassade ist lustig, und innen wird es noch besser: dat Otto Huus in Emden.

Rolle als Umschlagplatz, an dem sich verschiedene Handelshäuser befanden. Der Begriff leitet sich übrigens von »delven« ab, was graben bedeutet. Delft heißt also so viel wie »das Ausgegrabene« und steht somit für den Ausbau eines natürlichen Gewässers durch den Menschen. Heute ziehen im Ratsdelft **MUSEUMSSCHIFFE** als begehbare, maritime Denkmale die Blicke auf sich, etwa der Seenotrettungskreuzer »Georg Breusing«, auf dem die nautischen Einrichtungen, die Maschinenanlagen und die Unterkünfte der Besatzung zu besichtigen sind. Oder das Museumsfeuerschiff »Deutsche Bucht«, das als Feuerschiff mit der ältesten intakten Maschinenanlage gilt. Es wurde 1914 bis 1918 auf der Meyer-Werft in Papenburg gebaut.

Über die Heringsfischerei wiederum kann man sich an Bord der »AE7 Stadt Emden« bei wechselnden Ausstellungen informieren. Denn auch hierfür – und die Heringsspezialität Matjes – ist Emden bekannt: 450 Jahre lang sicherte die ostfriesische Heringsfischerei vielen Familien Lohn und Brot. Im Jahr 1969 wurde sie nach Bremerhaven verlagert. An die alte

Tradition erinnert man jährlich im Mai bei den EMDER MATJESTAGEN. Dann laufen zahlreiche Traditionsschiffe aus dem In- und Ausland im Binnenhafen und Ratsdelft ein, vergangene Seefahrerstimmung lebt auf und dazu wird ordentlich gefeiert!

Im Rathaus am Delft und in den zugehörigen Pelzerhäusern ist heute das OSTFRIESISCHE LANDESMUSEUM EMDEN untergebracht. Es lohnt sich für die ganze Familie, denn hier kann man gleich noch in die Geschichte Frieslands und der Seehafenstadt Emden eintauchen, und speziell für Kinder ist mit der Aktion »Kids in!« noch einiges geboten. Zu sehen sind etwa die (etwas gruselige) Moorleiche von Bernuthsfeld, der Silberschatz der Stadt Emden und die Sammlung niederländischer Meisterwerke in der Gemäldegalerie. Ganz besonders spannend ist das Herzstück des Museums: In der RÜSTKAMMER taucht man direkt in das Mittelalter mit seinen Ritterkämpfen ein. Ausgestellt sind etliche Harnische, Luntenschlossmusketen, Wallbüchsen, Piken, Schwerter und verzierte Hellebarden, die vor allem aus dem 16. und 17. Jahrhundert stammen. Auf diesen Fundus ist man in Emden besonders stolz, denn anders als in anderen Städten blieben die Bestände in diesem seit 1582 belegten Zeughaus der Bürgerschaft erhalten. Zum Museum gehören auch die Pelzerhäuser 11+12, eine Außenstelle in der Altstadtwarft. Ihre Fassaden erinnern eindrucksvoll an das einstige Stadtbild, das im Zweiten Weltkrieg nahezu völlig zerstört wurde.

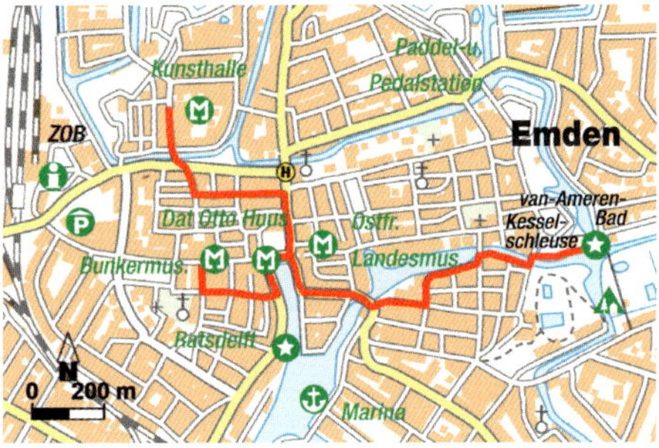

Nach dem Besuch des Museums braucht man nur ein Stück (ca. 400 Meter) quer durch die Altstadt zu laufen, um an einen weiteren sehenswerten Ort zu gelangen: Über die am Stadtgraben gelegene und als Skulpturenpark angelegte Hahnsche Insel geht es zur KUNSTHALLE EMDEN. Das bundesweit bekannte Museum mit angeschlossener Malschule wurde von Henri und Eske Nannen gestiftet. Der aus Emden stammende STERN-Gründer eröffnete 1986 in seiner Heimatstadt ein Haus für seine Sammlung, vorwiegend Kunst der Klassischen Moderne. Seit dem Jahr 2000 erweitert die Schenkung des Münchner Galeristen Otto van de Loo den Bestand um Kunst nach 1945. Regelmäßig sind auch Sonderausstellungen bekannter Künstler zu sehen. Auch hier hat man sich ganz auf Kinder eingestellt mit einer Probiermalschule (für Kinder von 6 bis 12 Jahren, an jedem 1. Sonntag im Monat, 4 € pro Kind, Anmeldung nicht erforderlich). Die Eltern sollten sich auch die älteste Bibliothek Ostfrieslands in der Kirchstraße nicht entgehen lassen (siehe Was Sie trotz Kindern gesehen haben müssen, S. 176). Was noch in Emden auffällt, sind die grauen, fensterlosen Betonkolosse, die vielerorts das Stadtbild mit prägen. Noch immer gibt es hier 31 hohe Luftschutzbunker, die aus dem Zweiten Weltkrieg stammen. Denn damals war Emden als Industrie- und Hafenstadt von Bedeutung. Aufgrund ihrer Lage im äußersten Nordwesten des Deutschen Reiches war die Stadt für die in Großbritannien stationierten alliierten Bomberflotten schnell zu erreichen. Auf diese Geschichte geht das **BUNKERMUSEUM** in der Holzsägerstraße 6 ein, zu erreichen über die Burgstraße ab dem Ratsdelft. In 26 Räumen zeigt es die Geschichte der Bunker, die Verfolgung und Unterdrückung durch die Nationalsozialisten in der Stadt Emden sowie die

»KIDS IN!«

So lautet das Zauberwort, das Kinder bei der Anmeldung nur zu sagen brauchen, um an einem tollen Programm des Ostfriesischen Landesmuseums Emden teilnehmen zu können. Jeweils zu einem bestimmten Thema werden gemeinsam einige Ausstellungsstücke enträtselt, etwa die Geschichten auf Rüstungen und Waffen. Auch gibt es Aktionen wie die Druckwerkstatt oder eine Fotogruppe (donnerstags 16-17.30 Uhr, ab 6 Jahren, 2,50 Euro pro Kind. Anmeldung unter Tel. 04921/87 20 50 oder direkt an der Museumskasse.

Das Ostfriesische Landesmuseum gefällt auch jüngeren Besuchern gut.

Links: Der Ratsdelft ist das maritime Herz der Stadt. Rechts: Das Museum des Spaßvogels ist in einem durchaus ehrwürdigen Haus untergebracht.

Nachkriegszeit mit der Phase des Wiederaufbaus in den 1950er-Jahren. Unbedingt sollte man auch einen Spaziergang entlang der Wasserläufe Richtung Osten unternehmen: Ab dem Ratsdelft geht es am Ostufer des benachbarten Falderndelfts entlang, bis sich dieser zum Roten Siel verjüngt. So ist schließlich die KESSELSCHLEUSE im Stadtteil Wolthusen erreicht. Das ab 1886 errichtete Bauwerk gilt als einzigartig in Europa, denn es handelt sich hier um eine kreisrunde Schleuse, eine sogenannte Rundkammerschleuse. Sie verbindet gleich vier Wasserstraßen: den Ems-Jade-Kanal, den Emder Stadtgraben, das Fehntjer Tief und das Rote Siel. Die unter Denkmalschutz stehende Schleuse ist täglich in Betrieb (zwischen 8 und ca. 17 Uhr). Es macht Spaß, den Schleusenvorgängen zuzusehen – oder besser noch eine Schleusung an Bord eines Schiffes mitzuerleben. Dies ist bei Ausflugsfahrten, etwa Kanalfahrten mit der MS Aurich, möglich.

26 Leer

Ostfriesland im Miniformat

Hier bekommt man wirklich mal einen guten Überblick: Ganz Ostfriesland liegt einem im Leeraner Miniaturland zu Füßen. Außerdem hat Leer eine wunderschöne Altstadt, ein wunderschönes Wasserschloss – und Spuren einer alten Festung sind zu entdecken.

In Leer sind die Wege ganz, ganz kurz – zumindest in der Konrad-Zuse-Straße 1. Nur wenige Schritte braucht man hier, um etwa vom Pilsumer Leuchtturm im Südwesten des Landes zu den Ostfriesischen Inseln im Norden zu gelangen. Möglich macht es das LEERANER MINIATURLAND. In der zweitgrößten Modellanlage Deutschlands (nach Hamburg) wurde das Bundesland im Maßstab 1:87 nachgebaut. Oder, um es im Modellbauerjargon zu sagen: Die Region in H0. Ostfriesland als originalgetreue Modelllandschaft, inklusive der Ostfriesischen Inseln, des Emslandes und der angrenzenden Niederlande, mit zahlreichen Sehenswürdigkeiten. In Modellausstellungen sind mehr als 2000 Modellautos und -Lkw verschiedener Maßstäbe sowie hunderte von Dampflokomotiven zu bewundern.

Auf den 1200 Quadratmetern Hallenfläche gibt es also jede Menge zu gucken und es ist vieles in Bewegung: Außer fahrenden Zügen und Autos entdeckt man etwa die Überführung einer AIDAsol sowie mehr als 100 steuerbare Szenerien. Im Außenbereich mit Parklandschaft lässt sich eine große Garteneisenbahn selbst steuern und rangieren. Seit 2015 gibt es hier auch eine Reihe von Gebäuden und Sehenswürdigkeiten Ostfrieslands im Gartenformat zu sehen, darunter auch die Stadt Leer selbst mit dem Leeraner Miniaturland und anderen sehenswerten Orten. Hier also schlagen wohl nicht nur die Herzen von Eisenbahnfans höher. Vor allem ist

Anfahrt: Auf der A 31 bis Abfahrt Leer-Nord, dann der B 70 Richtung Zentrum folgen, auf die B 236 (Stadtring) wechseln und auf die Deichstraße, von dieser bei der zweiten Möglichkeit rechts abbiegen, um in die Konrad-Zuse-Straße zu gelangen
Information: Tourist-Info Leer, Ledastraße 10, 26789 Leer, Tel. 0491/ 91 9696 70, www.touristik-leer.de; Leeraner Modell- und Spielewelt GmbH, Konrad-Zuse-Straße 1, 26789 Leer, Tel. 0491/454 15 40, www.leeraner-miniaturland.de

Selbst nach Stunden entdeckt man immer wieder Neues, so detailgenau ist die Miniaturwelt gestaltet.

die ostfriesische Mini-Ausgabe auch eine gute Möglichkeit, noch unbekannte Orte und Sehenswürdigkeiten kennenzulernen, um sie sich anschließend vielleicht »live« anzusehen.

Nach dem Besuch des Miniaturlands bietet sich also ein Bummel durch das wirkliche Leer geradezu an. Hier befand sich während des 15. bis 18. Jahrhunderts die größte ostfriesische Landesfestung Leerort, geschützt von mächtigen Wällen und Wassergräben zwischen den Flüssen Leda und Ems. Heute gefällt die ALTSTADT mit ihren historischen Bürgerhäusern, dem im deutsch-niederländischen Renaissancestil errichteten Rathaus (1889), kleinen Läden, Teestuben und Restaurants. Dazu gehört auch ein Museumsviertel mit vielfältigen Ausstellungen und Museumshafen. Hier ist außer dem HEIMATMUSEUM und dem BÜNTING-TEE-MUSEUM insbesondere das BÖKE-MUSEUM zu erwähnen, benannt nach Leers bedeutendstem Künstler des 20. Jahrhunderts, Karl-

Ludwig Böke. Er lebte von 1927 bis 1996 in der Stadt.

Außerdem hat Leer fünf Kirchen, vier Burgen und Spuren der alten Festung vorzuweisen. Die ehemalige **FESTE LEERORT** kann im Rahmen einer von Leer Touristik angebotenen Flurnamenwanderung erkundet werden. Flurnamen sind geografische Begriffe, die in früheren Zeiten der Orientierung dienten. Damit spiegeln sie auch ein Stück Siedlungsgeschichte wider. Hier sind es Namen wie »Das Castel« und »Totenzwinger«.

Drei der vier **BURGEN** Leers sind heute in Privatbesitz und daher nur von außen zu besichtigen, aber immerhin schön anzusehen, nämlich die Haneburg, die Philippsburg und die Harderwykenburg. Die vierte – die **EVENBURG** – steht auch Besuchern offen und ist als Wasserschloss obendrein etwas Besonderes. Der barocke Prachtbau wurde durch den niederländischen Oberst Ehrentreuter zwischen 1642 und 1650 errichtet. Später

MEYER WERFT PAPENBURG

Die riesigen Kreuzfahrtschiffe, die Emden nach dem Stapellauf über die Ems verlassen (auch das ist eindrucksvoll anzusehen), werden im nahe gelegenen Papenburg gebaut (ca. 30 Kilometer südlich von Leer). Dort bietet das Besucherzentrum in der Meyer Werft interessante Einblicke in die Welt des Schiffbaus. Es gibt eine Ausstellung, und von zwei großen Besuchergalerien aus kann man den Bau der Kreuzfahrtriesen live miterleben. Infos unter www.papenburg-tourismus.de.

gehörte die Burg den Grafen von Wedel und wurde 1850 im Stil der Neugotik umgestaltet. Nach dem Krieg wurde die stark beschädigte historische Fassade in einfacherer Form wieder aufgebaut. Lange lag das Schloss brach, bis der Landkreis Leer es 1975 erwarb und aufwendig sanierte.

Die Altstadt mit historischen Bürgerhäusern, kleinen Läden, Teestuben und Restaurants ist einen Bummel wert.

Dabei erhielt die Fassade ihre früheren Giebel, Türme und Gesimse wieder. Die übertünchten und ihres Schmuckes beraubten Räume des Schlosses wurden bis ins Detail restauriert. Nun glänzt der Festsaal wieder in seiner ursprünglichen Weise und das Foyer wurde in der zweiten Fassung vom Ende des 19. Jahrhunderts wiederhergestellt. Zum Schloss gehören auch die Vorburg von 1703 sowie die alten Wirtschaftsgebäude Meierhof und Elfriedenhof, außerdem ein nun wieder als englischer Landschaftspark gestaltetes Gelände, durch das verschlungene Pfade führen.

27 Die Krummhörn

Rundfahrt zu Lükko Leuchtturm

Wie malerisch, seufzen die Eltern angesichts der Küstengemeinde mit ihren 18 Warfendörfern – jedes für sich ein Schmuckstück – und dem Fischerdorf Greetsiel als Krönung. Kinder können hier Leuchttürme erobern und dabei auch eine Figur aus Abenteuergeschichten antreffen.

WARFENDÖRFER

Die oft winzigen Dörfer wurden auf Hügeln, den »Warf(t)en«, errichtet zum Schutz vor Überflutung. In der Krummhörn liegen besonders viele davon dicht beieinander.

Man weiß angesichts der vielen schönen Ortschaften gar nicht, wo man anfangen soll. Am besten lässt sich die Krummhörn bei einer Rundfahrt erkunden – übrigens auch auf Wasserwegen, die viele der Dörfer verbinden. Für eine Tour mit dem Auto könnte RYSUM (nahe Emden) der Startpunkt sein. Es wurde Landessieger im Wettbewerb »Unser Dorf soll schöner werden« und gefällt unter anderem wegen seiner Windmühle. In der Kirche steht eine der ältesten bespielbaren Orgeln Europas. Nur etwa 500 Meter weiter nördlich liegt LOQUARD. Das historische Warfendorf, erstmals erwähnt um das Jahr 1000, hat eine Kirche mit ansehnlichem Schnitzaltar, der wohl von einem flämischen Meister gefertigt wurde. Spaß macht eine Überfahrt mit der Pünte (Fähre) über das Knockster Tief – sie funktioniert mit eigener Muskelkraft.

CAMPEN, das nächste Warfendorf, hat ein LANDWIRTSCHAFTSMUSEUM und eine sehenswerte Kirche mit frei stehendem Glockenturm zu bieten. Das Highlight aber ist der LEUCHTTURM von 1892. Er ist ungewöhnlich anzuse-

Anfahrt: Auf der A 31 bis Emden, dann der Larrelter Str., Rysumer Landstraße und der Landesstraße 2 bis Rysum folgen
Ausgangspunkt: Das Warfendorf Rysum
Weglänge: 57 Kilometer für die gesamte beschriebene Rundfahrt zu allen Dörfern, Teilrouten möglich
Information: Touristik GmbH Krummhörn-Greetsiel, www.krummhoern.de, www.greetsiel.de; Leuchtturm Pilsum, www.pilsumer-leuchtturm.de

Ungewöhnlich ist der Leuchtturm von Campen mit seiner Stahlkonstruktion.

hen mit seiner Stahlbeinkonstruktion, die an den Eiffelturm erinnert. Mit seinen 65 Metern ist er der höchste Leuchtturm in Deutschland. Wer die 308 Stufen schafft, kann sich auf der Aussichtsplattform über einen grandiosen Ausblick freuen. Die Sicht reicht bei guten Wetterbedingungen über die Krummhörn bis nach Holland. Als Leitfeuer ist der Turm übrigens noch aktiv. Er weist den Schiffen auf der Ems die Wege nach Emden, Leer, Papenburg und Delfzijl/Niederlande.

Weiter in Richtung Norden folgt UPLEWARD, ein Warfendorf für Familien: Es wurde hier ein Trockenstrand geschaffen, eine Freizeitan-

lage, die zwar nicht am Meer liegt, aber mit Strandkörben, zwei Beachvolleyballfeldern, Grillplatz und einem Abenteuerspielplatz punktet, außerdem mit Events wie dem Drachenfest, dem Beachvölkerballturnier und

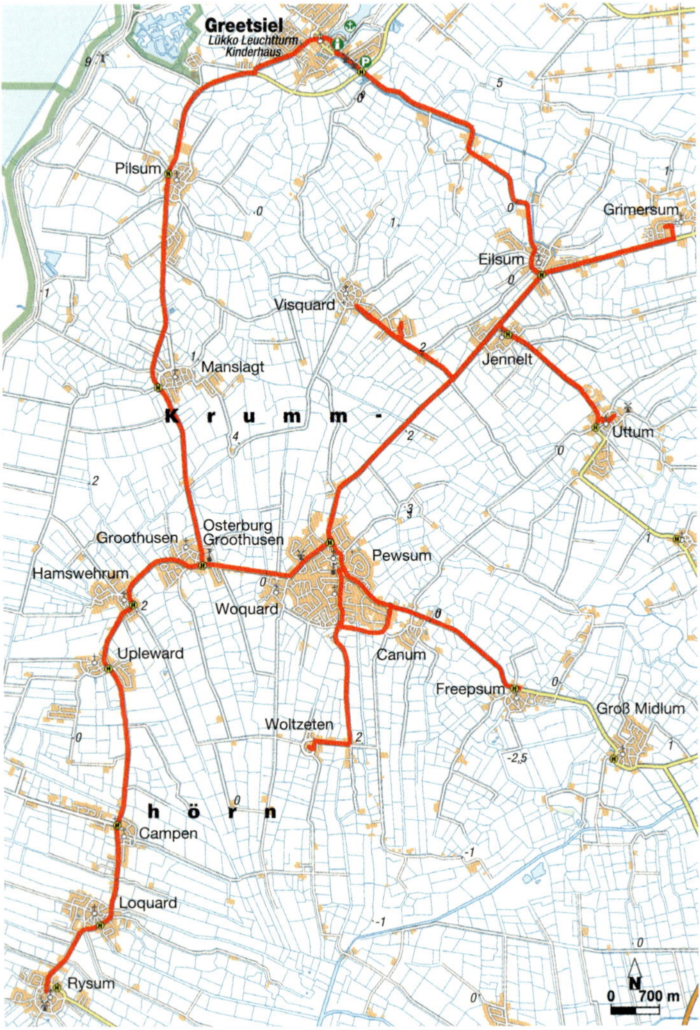

Die Krummhörn lässt sich auch wunderbar mit dem Fahrrad erkunden.

dem Schlickschlittenrennen im Uplewarder Watt. Auch ein Campingplatz ist vorhanden. Einen halben Kilometer weiter nördlich bezirzt HAMSWEHRUM: mit einer Schäferei und einer Galerie, in der auch Kunstkurse angeboten werden. Es folgt das auf einer Längswarft errichtete GROOTHUSEN. Hier steht die Kirche, die mit einer Wenthin-Orgel beeindruckt, am Ende der Warft und nicht, wie bei den Rundwarfendörfern, in der Dorfmitte. Etwas Besonderes ist auch die OSTERBURG, eine ehemalige ostfriesische Häuptlingsburg mit LOST GARDEN, einer kulturell bedeutsamen Außenanlage.

Nun lässt sich die Rundfahrt über einen Schwenk nach rechts Richtung Pewsum fortsetzen. Oder man fährt direkt weiter Richtung Norden nach Pilsum und Greetsiel, was sich anbietet, wenn man

In den Kirchen der Warfendörfer verbergen sich manche Schätze.

gleich die bekanntesten – und für viele schönsten – Ortschaften sehen möchte, oder falls die Zeit für die gesamte Rundtour zu knapp sein sollte. Auf der Strecke nach Pewsum kommt zunächst – kurz davor und mit der Ortschaft verschmolzen – WOQUARD. Mit seinen rund 180 Einwohnern ist es eines der kleinsten Dörfer in der Gemeinde Krummhörn. Sein Wappen verrät viel über die Geschichte: Die Farben Blau und Gelb weisen auf das schwedische Königshaus hin und erinnern an die schwedische Gräfin Katharina und Graf Edzard II. Cirksena. Das Adelspaar hatte anno 1565 die MANNINGABURG in PEWSUM gekauft. Letztere ist noch heute das Schmuckstück von Pewsum, ein Ort, den man also keinesfalls auslassen sollte. Die kleine, gelb getünchte Wasserburg wurde durch die Häuptlingsfamilie Manninga im Jahre 1458 erbaut. Es dauerte also keine hundert Jahre, bis der schwedische Graf dem Ostfriesenhäuptling Hoyko Manninga das Anwesen »abschwatzte«. Unter den Cirksenas wurde die Burg zu einem Steinhaus im niederländischen Renaissance-Stil umgebaut. Sie ist heute für die Öffentlichkeit zugänglich und beherbergt ein Museum. Dort kann man auch viel über die Häuptlingszeit und die Geschichte des Burgenbaus in Ostfriesland erfahren. Außerdem bietet Pewsum eine Mühle mit HANDWERKSMUSEUM, eine Kirche mit Ursprüngen im Mittelalter, Restaurants und Einkaufsmöglichkeiten. Es ist Zentrum und Verwaltungssitz der Gemeinde Krummhörn und mit seinen mehr als 3000 Einwohnern fast schon eine kleine Stadt.

Nur anderthalb Kilometer südlich von Pewsum liegt das winzige WOLTZETEN, ein klassisches Runddorf, dessen zentrales Gebäude die kleine Kirche (1772) mit Glockenturm ist. Ein Schlenker (am besten auch über Pewsum) führt nach FREEPSUM. Auch dieses Warfendorf hat etwas Besonderes vorzuweisen: Hier befindet sich einer der tiefsten Punkte Deutschlands, gemessen auf einer Weide ungefähr einen Kilometer vom Ortskern entfernt mit 2,3 Metern unter NN. Hier wurde auch ein Naturlehrpfad rund um das ehemalige und nun trockengelegte FREEPSUMER MEER eingerichtet. An der Strecke nach Freepsum liegt außerdem CANUM mit historischem Ortskern und einer hübschen romanischen Kirche aus dem 13. Jahrhundert.

Der Fischerort hat auch malerische Kanäle

Oben: Die Kutterflotte von Greetsiel im Winterschlaf

Wieder zurück in Pewsum folgt man der Eilsumer Straße, um nun den Nordosten der Krummhörn zu erkunden. Hier erwartet einen zunächst eine »Herrlichkeit«, so bezeichnet sich das Warfendorf JENNELT aufgrund der umliegenden Ländereien, die ab 1599 einem Nachfahren der Beninga-Häuptlinge gehörten: Wilhelm zu Innhausen und Knyphausen. Die historische Kirche (13. Jahrhundert) hütet einen kleinen Schatz, und zwar die letzte erhaltene Orgel des Orgelbauers Johann Friedrich Constabel. Obendrein steht in der Gruft der Sarkophag mit dem Prunksarg des Freiherrn Dodo zu Innhausen und Knyphausen. Er war ein bedeutender Feldherr im Dreißigjährigen Krieg.

Die nächsten Warfendörfer liegen dicht beieinander. Da wäre EILSUM, in dessen Kirche Seccomalereien zu bewundern sind – übrigens die einzige Chorturmkirche Ostfrieslands und damit viel höher als die anderen –, und GRIMERSUM, dessen Gotteshaus aus dem 14. Jahrhundert durch einen Grabstein bekannt ist: Hier ruht Eggerik Beninga, der Verfasser der Friesenchronik (Cronica der Fresen). Grimersum liegt wie Groothusen auf einer Längswarf, es sind die einzigen beiden der 18 Dörfer, auf die dies zutrifft. Auf dem Weg bieten sich Abstecher nach VISQUARD (Abzweigung nach links) und UTTUM (rechts) an. Es lohnt sich: In Visquard ist die Lage des Dorfes aus einer Warft besonders gut zu erkennen. Ein Bummel durch den historischen Ortskern von Uttum führt unter anderem an einem alten Steinhaus aus dem Jahre 1597 vorbei. Die 1250 errichtete Kirche prunkt mit einem Taufkessel von 1474 und einer schmucken Orgel aus der Vorbarockzeit.

Nach dieser kleinen Runde geht es Richtung GREETSIEL. Es bietet sich also an, zunächst das an der Strecke liegende Fischerdorf zu besuchen (das nicht auf einer Warft errichtet wurde), um dann auf dem Rückweg nach Campen noch die beiden letzten Warfendörfer PILSUM und MANSLAGT zu besichtigen.

GRILLEN IN EILSUM

In Eilsum gibt es auch einen öffentlich nutzbaren Grillplatz. Schön für eine Rast mit heißen Würstchen!

An Greetsiel jedenfalls kommt man nicht vorbei: Das Dorf verzaubert umgehend mit seinen ehrwürdigen Giebelhäusern aus dem 17. Jahrhundert und dem mehr als 600 Jahre alten Fischerhafen. Hier ist heute eine stattliche Krabbenkutterflotte zu Hause. Im malerischen Ortskern laden Teestuben, Cafés und Restaurants zur Einkehr ein. In der Saison starten Ausflugsfahrten nach Borkum, Juist und Norderney. Toll für Kinder sind das LÜKKO-LEUCHTTURM-KINDERHAUS und der zugehörige Abenteuerspielplatz. Namensgeber ist die Figur des lustigen Lükko Leuchtturm, der zusammen mit seinen Freunden für spannende Rätselgeschichten und Abenteuer sorgt, bei denen Kinder ganz Ostfriesland und seine Besonderheiten kennenlernen können.

Zu Greetsiel gehört außerdem eines der beliebtesten Fotomotive Ostfrieslands: die ZWILLINGSMÜHLEN. Gleich zwei Holländerwindmüh-

Fotogener hätte man sie nicht aufstellen können: die Zwillingsmühlen von Greetsiel.

len stehen am Ortseingang so nahe beieinander, dass man sie von einigen Standpunkten aus gleichzeitig auf ein Foto bekommt. Ihr Abstand beträgt rund 130 Meter. Die grüne, westliche Mühle wurde im Jahr 1856 errichtet. Sie verlor am 28. Oktober 2013 durch den Orkan Christian ihren Kopf. Kappe und Flügel wurden 2015 wieder aufgebaut. Die rote, östliche Mühle stammt aus dem Jahr 1706 und ist zu besichtigen, auch ein Mühlencafé gibt es dort. Sie ist auch als Schoof's Mühle bekannt.

Und nun kommt PILSUM, mit dem wohl berühmtesten Leuchtturm Ostfrieslands, der durch den Otto-Film bekannt wurde. Das Lükko-Leuchtturm-Kinderhaus in Greetsiel bietet Besichtigungen speziell für Kinder und Familien an. Der Turm steht natürlich am Meer, also abseits des Warfendorfes (auf dem Weg nach Pilsum rechts abbiegen), das noch eine imposante Kreuzkirche aus dem 12. Jahrhundert, eine Galerie, ein Comedy-Theater und mehr bietet. Als letztes Warfendorf auf dem Weg zurück nach Rysum folgt nun Manslagt mit einer spätgotischen Kirche aus dem Jahre 1714.

28 Norden und Norddeich

Besondere Museen nahe dem Strand

Die älteste Stadt Ostfrieslands bietet reichlich Kultur für die Eltern. Und auch die Kinder kommen voll auf ihre Kosten, das Angebot reicht vom Erlebnisbad über Abenteuergolf bis hin zur Seehundstation. Noch dazu kann Norden mit Norddeich einen beliebten Strand vorweisen.

Historisches Herz der 25 000-Einwohner-Stadt ist der Marktplatz, auf dem Bäume stehen, die im Sommer Schatten spenden. Umrahmt von stattlichen Bürgerhäusern, entführt er in die Vergangenheit Nordens. Das RATHAUS wurde 1855 im Stil des Klassizismus erbaut. Daneben stehen die DREI SCHWESTERN: drei Gebäude, die sich so ähnlich sind, als seien sie miteinander verwandt. Das linke Haus ist um 1570 und das mittlere um 1630 errichtet worden. Das rechte Haus, das 1963 abgerissen worden war, wurde 1991 nach altem Vorbild neu gebaut. Nun sind die Schwestern wieder vereint. Übrigens, sie sollen sich noch nie gestritten haben. Die LUDGERIKIRCHE aus dem 13. Jahrhundert beherbergt einen besonderen Kunstschatz: eine barocke Orgel von Arp Schnitger, einem der berühmtesten Orgelbauer seiner Zeit. Es ist die größte Orgel Ostfrieslands. Außerdem ist in Norden eine MENNONITENKIRCHE von 1662 zu besichtigen und es gibt drei schöne Mühlen: die DEICHMÜHLE, ein vierstöckiger Galerieholländer aus dem Jahr 1900, die FRISIA-MÜHLE, in der eine Ausstellung das Bäckerei-Handwerk vorstellt, und die WESTGASTER MÜHLE mit Teestube. Stoff zum Nachdenken liefert die GNADENKIRCHE TIDOFELD (1961) im gleichnamigen Ortsteil Nordens: In ihr befindet sich eine Dokumentationsstätte zur Integration der Flüchtlinge und Vertriebenen in Niedersachsen und Nordwestdeutschland.

Viele der kulturellen Angebote in Norden sind für die ganze Familie spannend. Etwa das OSTFRIESISCHE TEEMUSEUM, zu finden Am Markt 36.

Anfahrt: Auf der A 31 bis Abfahrt Norddeich, von dort sind es noch etwa 35 km über die Bundesstraßen B 72, B 210.
Information: Tourist-Info in Norddeich, Dörper Weg 22, Tel. 04931/986-200, www.norden.de

Rund um den Marktplatz offenbart Norden sein historisches Zentrum.

Hier können Kinder und Jugendliche die Ausstellungen mit Tippi, der Teemaus, auf verschiedene Arten (je nach Altersgruppe) selbst entdecken. So gibt es jeweils eine Teemausrallye, bei der Tippis Verstecke aufzuspüren sind. Wortwörtlich ein Riesenspaß ist das Würfelspiel in der größten Teetasse des Museums, in der man sitzen kann. Mit einem Kombiticket (oder auch einzeln) kann man tiefer in die Teegeschichte eintauchen und im benachbarten Haus Am Markt 33 noch die SAMMLUNG OSWALD-VON DIEPHOLZ besuchen. Mehr als 2000 Exponate umfassend, gilt sie als eine der bedeutendsten Sammlungen zur internationalen Kulturgeschichte des Tees.

BOSSELN

Diese Sportart ist so beliebt in Ostfriesland, dass dabei Gummikugeln sogar (inoffiziell) Vorfahrt haben: Wenn sie geworfen werden, müssen Autos warten, da gibt es kein Pardon. Man achte auf Schilder und begeisterte Meuten auf den Straßen ... Auch für Zuschauer ein Vergnügen!

Sportfans könnte das BAUHAUS NORDEN gefallen. In dem historischen Bürgerhaus von 1781 nämlich sind nicht nur Ausstellungen zur Norder Stadt- und Baugeschichte untergebracht, sondern auch ein Sportmuseum. Denn hier ist seit Juli 2010 der Kreissportbund Aurich zu Hause, der wechselnde Ausstellungen rund um die Norder Sportgeschichte organisiert – dabei geht es natürlich auch mal um die ostfriesischen »Nationalsportarten« Boßeln und Klootschießen.

Norden besitzt noch weitere ungewöhnliche Museen, wie etwa die HARZER-ROLLER-KANARIEN-VOGELSTUBE, eine rund 500 Jahre alte nostalgische Vogelzucht im denkmalgeschützten Gebäude des Hotel-Restaurants Smutje. Oder das FUNKTECHNISCHE MUSEUM NORDDEICH RADIO E. V. mit originalen Exponaten und Dokumenten der ehemaligen Küstenfunkstelle in Utlandshörn. Und das EISENBAHNMUSEUM IM LOKSCHUPPEN zeigt eine Sammlung historischer Fahrzeuge, Geräte und Eisenbahnobjekte.

Nach so viel Kultur macht ein Nachmittag am Strand besonders Laune. Dieser befindet sich im Ortsteil NORDDEICH und ist überschaubar, aber viel-

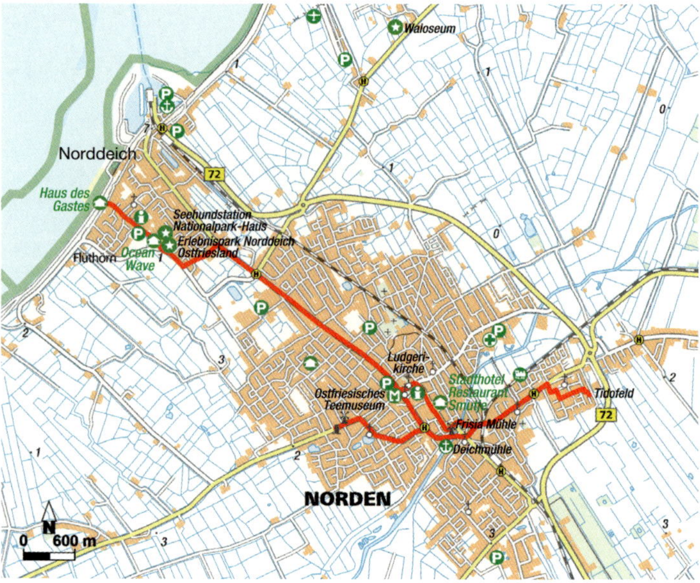

An der Teezeremonie im Museum haben schon die Kleinsten Spaß.

Oben: In der Seehundstation werden auch Jungtiere groß gezogen.

seitig. Es gibt einen von einigen Dünen gesäumten Sandabschnitt mit Kinderspielplatz und gleich daneben einen grünen Strand, an den sich noch das Areal der Drachensteiger anschließt. Naturfreunden wird der Anblick des klotzig-dominierenden HAUS DES GASTES weniger gefallen, so manche Strandurlauber, die Wert auf Infrastruktur legen, sehen es anders: Auf über 1500 Quadratmetern sind Strandshop, SB-Strand-Restaurant, Imbiss, Kiosk, Bierbar, Café und eine Terrasse mit kostenloser Hüpfburg zu finden. Vor der Tür reihen sich die Treffpunkt-Schilder der WATTFÜHRER, die von hier aus ihre Touren starten.

Wer den großen (gebührenpflichtigen) Parkplatz an der Straße Dörper Weg nahe dem Strand nutzt, kommt auch an einigen Familienattraktionen vorbei: Neben der Tourist-Info befindet sich die SEEHUNDSTATION IM NATIONALPARKHAUS, und gleich daneben das ERLEBNISBAD OCEANWAVE. Daneben wiederum liegt der ERLEBNISPARK NORDDEICH mit Angeboten wie Abenteuergolf, einem Rätsellabyrinth und dem Märchenschiff mit Erzähltheater für Kinder und Erwachsene. Zur Seehundstation gehört auch das etwas auswärts (ca. fünf Kilometer Richtung Nesmersiel) gelegene WALOSEUM (Kombiticket erhältlich). Hier erfährt man alles über Wale und kann unter anderem über ein riesiges Pottwalskelett staunen. Auf der Fahrt dorthin wartet obendrein noch eine Überraschung: An der Abzweigung zum Waloseum gibt es ein AUTOMOBIL- UND SPIELZEUGMUSEUM mit einem netten, kleinen Biergarten.

29 Borkum

Die Insel der gestreiften Zelte

Bunte, viereckige Zelthäuschen prägten schon vor 100 Jahren das Bild auf Borkum und sind noch heute zu mieten, auch wenn inzwischen zahlreiche Strandkörbe hinzukamen. Eine Besonderheit sind hier auch die Milchbuden und ein ganz eigener Jugendstrand zum Chillen.

Von Borkum aus kann man den Holländern fast zuwinken: Die westlichste und größte der Ostfriesischen Inseln liegt in Sichtweite der niederländischen Küste. An der Strandpromenade zwischen dem Nordbad und dem Jugendbad liegt der NORDWESTLICHSTE LANDPUNKT Deutschlands, worauf ein symbolischer Grenzpfosten und Informationstafeln hinweisen. Der Platz ist also immer gut für ein Foto!

Borkum ist knapp 31 Quadratkilometer groß und ein staatlich anerkanntes Nordseeheilbad mit vielen Kureinrichtungen. Mit ihrem Hochseeklima gilt sie auch als ideal für Allergiker. Doch es sind keineswegs nur genesende oder ältere Menschen, die sich hier wohlfühlen, vielmehr ist die Insel auch bei Familien ausgesprochen beliebt. Es gibt mehrere Spielplätze und ein buntes Programm, das die Strandtage bereichert. Insgesamt kommen rund 250 000 Besucher jährlich, entsprechender Trubel herrscht am Strand, dafür gibt es aber auch jede Menge Platz und vor allem auch unterschiedliche »Reviere«. Es säumen vier bewachte Badestrände die Insel, und jeder ist anders.

Das pralle Leben spielt sich im NORDBAD ab, dem Strand vor dem Inselstädtchen Borkum, zu dem auch eine Strandpromenade mit allem Drum und Dran gehört. Für Familien ist er besonders geeignet, weil die lange Sandbank des Borkumriffs die Brandung abhält, und so ein ruhiges Areal zum Plantschen

Anfahrt: Von Emden aus steuert die AG EMS die Insel Borkum an (Fähre 2 Stunden und 15 Min., Katamaran 60 Min.); für die Anreise mit dem Katamaran oder einen Pkw-Transport auf der Fähre sollte man besser reservieren, www.ag-ems.de; Tagesausflüge mit dem Schiff sind auch ab Greetsiel möglich (Fahrtzeit 75 Min.).
Information: Tourist-Info Borkum, Am Georg-Schütte-Platz 5, 26757 Borkum, Tel. 04922/9330, www.borkum.de

Das gibt es nur auf Borkum: Viele bunte Strandzelte, die man sich hier alternativ zum Strandkorb mieten kann.

entstanden ist. Extra für Teenies gibt es nicht weit davon einen eigenen Strand. Im JUGENDBAD von Borkum östlich des Nordbads darf man voll aufdrehen: laut Musik hören, selbst Musik machen und sogar ein Lagerfeuer anzünden, sofern es vorher angemeldet wurde. Auch gibt es reichlich Platz und Gelegenheiten für Soccer, Beachvolleyball, Basketball, Torwandschießen und anderen Sport.

Östlich des Jugendbads wiederum schließt sich in der Nähe des Flugplatzes der FKK-BADESTRAND von Borkum mit Hundebereich an. Er ist sogar mit einer Strandsauna fürs Schwitzen mit

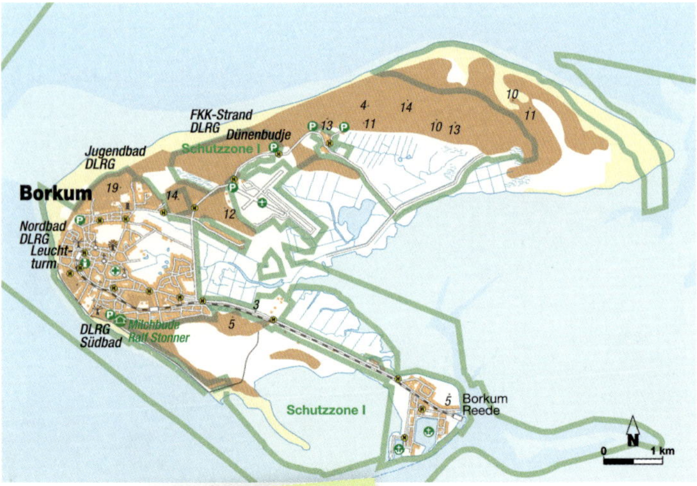

LAGERFEUER AM JUGENDSTRAND

In einigen Bereichen des Jugendbads sind Lagerfeuer erlaubt. Aus Sicherheitsgründen ist dazu eine Genehmigung erforderlich, die das Ordnungsamt der Stadt Borkum erteilt (Tel. 04922/303). Bei zu riskanten Wetterbedingungen kann die Genehmigung zurückgezogen werden, etwa wenn Winde aus ungünstiger Richtung oder von zu großer Stärke gemeldet werden.

Nacktbaden in der Nordsee ausgestattet. Es werden einige verstreut aufgestellte Strandkörbe und -zelte vermietet und für Dauergäste auch Badekabinen in den Dünen. Ein gastronomisches Juwel (für bekleidete Gäste) ist das nahe gelegene »Dünenbudje«, wie der Name schon sagt in traumhafter Lage zwischen den Sandbergen. Hier gibt es Inseltypisches und Leckereien wie Riesen-Hotdogs, einen Spielplatz für die Kleinen, einen Lesezirkel für die Großen und Gesellschaftsspiele für die Familie.

Alle, die es am Strand bekleidet und ruhiger lieben, zieht es zum **SÜDBAD**. Es ist auch von der Stadt Borkum aus zu erreichen, liegt aber weiter vom Zentrum entfernt als das Nordbad. Weil der Strand Richtung Süden weist, kann man hier ganz toll die Ozeandampfer beobachten, wie sie von der Emsmündung aus in See stechen. Auf einer Düne steht der rot-weiß gestreifte ELEKTRISCHE LEUCHTTURM. Er wurde ab 1888 errichtet und war der erste für den elektrischen Betrieb gebaute Leuchtturm in Deutschland – so kam er zu seinem Beinamen. Seit 2003 ist der Turm außer Dienst gestellt, da sich die Fahrwasser im Bereich der Emsmündung durch Sedimentverlagerungen verändert haben. Das Südbad hat auch einen Hundestrand, und für Annehmlichkeiten ist gesorgt: Genauso wie am Nordstrand gibt es hier Strandkörbe und Strandzelte sowie die für Borkum ebenfalls typischen MILCHBUDEN. Dabei handelt es sich um kleine Restaurants, die im Frühling aufgebaut und im Spätherbst wieder abgebaut werden. Ihre Standorte wechseln jährlich, wohl damit eine gewisse Chancengleichheit für die Betreiber besteht, da einige Plätze lukrativer sind als andere. Anders, als der Name vermuten lässt, gibt es hier nicht nur Milchprodukte, sondern auch Krabbenbrote, Matjes, Backkartoffeln, Rote Grütze und andere Borkum-Klassiker, außerdem kalte und heiße Getränke, Eis, Süßigkeiten und Kuchen. Der Name der Buden entstammt noch den Anfangsjahren des Bädertourismus im frühen 20. Jahrhundert. Damals wurden auf Borkum kleine Holzbuden am Badestrand aufgestellt, in denen die Borkumer »Dicke Milch« verkauft wurde. Diese bekommt man übrigens auch heute noch dort in einigen Milchbuden und anderen Insellokalen, auch als Spezialität mit Sanddorn verfeinert.

Der Hauptstrand am Nordbad ist für Familien besonders schön.

Oben: farbenfrohes Ensemble: der Leuchtturm von Borkum und ein Strandzelt

30 Juist

Siebzehn Kilometer Sandstrand

Auf der schmalen Insel angekommen, versteht man umgehend, warum Einheimische sie auf Friesisch »Töwerland« nennen: Ein Zauberland aus Sand und Dünen träumt da im Wattenmeer vor sich hin, auf dem Pferdekutschen fahren und man barfuß läuft.

Juist ist ganz klar eine Insel für Naturfreunde.

Der 17 Kilometer lange Strand aus hellem Sand säumt die komplette Nordseite von Juist. Damit ist er immer in der Nähe, die Insel ist nur bis zu 900 Meter breit und autofrei. So sparen sich viele, die aus ihrer Ferienwohnung zum Baden starten, das Anziehen von Schuhen: Wozu, wenn man sie gleich am Strandkorb wieder ausziehen würde? Unterwegs ist man hier ansonsten mit dem Fahrrad oder mit zwei PS, nur für die Feuerwehr und Rettungsfahrzeuge gilt eine Ausnahme. Selbst die Müllabfuhr oder Warenlieferungen werden mit Pferdewagen erledigt, und das Getrappel der Hufe zählt zu den wohligen Erinnerungen, die Urlauber mit nach Hause nehmen.

Der Strand lädt zum Losrennen ein. Er ist frei von Buhnen, wie sie an vielen Nordseestränden in die Brandungszone ragen. So kann man durch das flache

Anfahrt: Ab Norddeich steuern Fähren tideabhängig die Insel an; die Überfahrt dauert etwa 90 Min.; eine Alternative ist die Anreise mit dem Flugzeug ab Norddeich.
Information: Kurverwaltung Juist, Friesenstraße 18, 26571 Juist, Tel. 04935/80 90, www.juist.de

In dem markanten Kurhaus befindet sich heute ein Hotel gehobener Kategorie.

Wasser laufen oder spazieren, bis einem die Puste ausgeht. Unbedingt sollte jeder auch einmal BILL besuchen. So heißt ein großes Sandriff am westlichen Ende der Insel. Es besteht aus mehreren großen Sandbänken, die von Prielen durchzogen sind. Bei Ebbe liegt eine unendlich erscheinende Fläche frei.

Auch das WÄLDCHEN ist etwas Besonderes auf Juist, denn auf der von Wind zerzausten Insel gibt es kaum Baumbestand. In dem heutigen Naturschutzgebiet west-

EINE RUHIGE INSEL

Auf Juist geht es ruhiger zu als auf den Nachbarinseln. Es liegt daran, dass die Fähren aufgrund der Gezeiten und Lage der Insel nicht so oft übersetzen können wie etwa nach Norderney. Nur bei Flut ist es möglich. So kommen deutlich weniger Tagesgäste.

lich der Hammerbucht aber sieht es anders aus. Hier ließ der Biologe Otto Leege in den 1920er-Jahren mehr als 50 000 Bäume anpflanzen, und zwar Arten, die auch mal einer starken Brise standhalten. Darunter seltene Vertreter wie die Schwarzerle und die Karpatenbirke. Sogar Rotwild ist in diesem Wäldchen zu Hause, durch das auch ein Wanderweg führt. Mit seinen knorrigen, verwachsenen Bäumen wirkt es verwunschen wie im Märchen.

Ein äußerst ungewöhnlicher Leuchtturm: das Memmertfeuer.

Oben: An dem langen Sandstrand scheinen selbst die Strandkörbe verschwindend wenig Raum zu benötigen.

Nicht weit davon liegt der HAMMERSEE, der größte Süßwassersee der Ostfriesischen Inseln. Er entstand 1932, als der Dünendeich vor der Hammerbucht gebaut wurde. Er lässt sich auf einem Pfad umrunden. Am Strandzugang bietet die Aussichtsplattform DREE WATER UITKIEK, wie der friesische Name besagt, einen Ausblick auf drei Gewässer: die Nordsee, das Wattenmeer und den Hammersee.

Auf der Insel gibt es zwei Ortschaften: In der Mitte den Hauptort JUIST mit dem Fährhafen, den hier jeder »das Dorf« nennt, und ungefähr einen Kilometer weiter westlich das kleinere LOOG. Das ist Friesisch und bedeutet ebenfalls Dorf. In Juist dominiert das markante Strandhotel KURHAUS mit Thalasso-Zentrum die Szenerie. Fast wie ein weißes Schloss sieht der mondäne Bau aus, errichtet im Stil der Grand Hotels des 19. Jahrhunderts. Im Hafen steht ein ungewöhnlicher Leuchtturm: Das MEMMERTFEUER blitzt bei Dunkelheit im 13-Sekunden-Takt über die Insel, nicht jedoch über das Meer (was man von einem Leuchtturm durchaus erwarten könnte). Denn dies ist kein offizielles Seezeichen. Eine Interessengemeinschaft hatte sich dafür eingesetzt, dass hier die Lampe des ursprünglichen Leuchtturms, der 1986 stillgelegt worden war, wieder scheinen darf. Auf den Turm mit Aussichtsplattform kann man hinaufsteigen. Lustig ist auch die 1964 erbaute Inselkirche: Ihr frei stehender Glockenturm (Fachjargon: Campanile) sieht aus wie eine RAKETE und wird von den Einwohnern auch liebevoll so genannt. Im NATIONALPARKHAUS im Alten Bahnhof informiert eine Ausstellung über den Nationalpark Niedersächsisches Wattenmeer. Auch werden hier naturkundliche Wanderungen angeboten. In Loog lohnt ein Besuch im KÜSTENMUSEUM. Es berichtet von der bewegten Geschichte der Insel, von Seefahrt und Fischerei und der Pflanzenwelt Juists.

Große Klasse ist das MEERWASSER-ERLEBNISBAD. Auf einer hohen Düne liegend, bietet es eine schöne Aussicht auf die Nordsee und das Wattenmeer. Für Badespaß sorgen ein Wasserfall, eine Grotte, ein Brodelboden, ein Strömungskanal und eine Wasserrutsche. Auch zwei Whirlpools sind vorhanden.

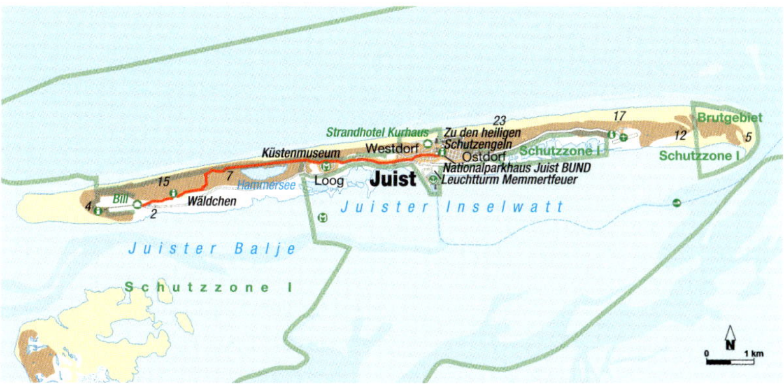

31 Norderney

Liebesgrüße aus der neybox

Das älteste Seebad der Nordsee zeigt sich innovativ: Wer Lust hat, darf eine Videobotschaft aus einem nostalgischen Badekarren senden. Noch immer aber ist Norderney auch eine eindrucksvolle Zeitreise in die Bädergeschichte.

In dem Pavillon auf der Marienhöhe befindet sich heute ein Café.

Anfahrt: Mit der Bahn oder dem Auto bis Norddeich Mole, von dort setzt die Fähre mehrmals täglich zur Insel über (Fahrtzeit 45-60 Min.); Reisende können ihr Auto am Festland abstellen oder es mit nach Norderney nehmen. Alternativ kann man auch mit dem Flugzeug ab Norden oder Hamburg anreisen.
Information: Tourist-Info im Conversationshaus, Am Kurplatz 1, 26548 Norderney, Tel. 04932/89 19 00, www.norderney.de

Mit Norderney begann im 18. Jahrhundert die Kultur des Seebadens und der Strandkörbe an der Nordseeküste. Gegründet 1797, ist es hier das älteste Seebad und das zweitälteste in Deutschland (nach Heiligendamm an der Ostsee, gegründet 1793). Daran erinnern BADEKARREN, die als Wahrzeichen da und dort zu entdecken sind. Einst dienten sie als Kabinen für das diskrete Badevergnügen der Kurgäste. Von Pferden wurden sie ins Wasser gezogen, damit die Herrschaften – vor fremden Blicken geschützt – sich umziehen und plantschen konnten, die Damen getrennt von den Herren.
Heute sieht man die kleinen Holzkutschen als Trauungsort des Standesamtes und auch als NEYBOX: Im Inneren eines zentral aufgestellten Badekarrens können Gäste und Einheimische per Videobotschaft der Insel ihre Liebe schwören, indem sie eine besondere Geschichte, witzige Einfälle oder einfach nette Worte zum Thema Norderney verkünden (täglich von 9 bis 19.30 Uhr). Mit der selbst zu bedienenden Videoanlage werden diese kostenfrei aufgezeichnet

Auf Norderney sieht man noch traditionelle Badekarren. In diesem kann man heiraten.

und eine Auswahl wird im Internet veröffentlicht. Hintergrund ist die Kampagne »meine Insel Norderney«.

> **HISTORISCHES SCHAUFENSTER**
> Wie einige heutige Gebäude früher aussahen, zeigt die Broschüre »Norderney entdecken – das historische Schaufenster«, die von der Stadt Norderney herausgegeben wurde.

Auch einige sehenswerte historische Gebäude erinnern auf Norderney an die alten Zeiten, im Stadtgebiet sind etliche Fassaden aus der wilhelminischen Ära, dem Jugendstil, dem Bäderstil, dem Klassizismus und der Biedermeierzeit zu entdecken, vermengt mit »Bausünden« der 1960er-Jahre wie etwa die Hochhäuser an der Kaiserstraße. Zu den geschichtsträchtigen Bauten gehören etwa das erstmals 1799 errichtete KURHAUS (CONVERSATIONSHAUS), in dem sich heute auch die Tourist-Info befindet. Außerdem die WINDMÜHLE SELDEN RÜST aus dem Jahr 1862 und die MARIENHÖHE. Letztere ist eine knapp zwölf Meter hohe Düne, benannt nach

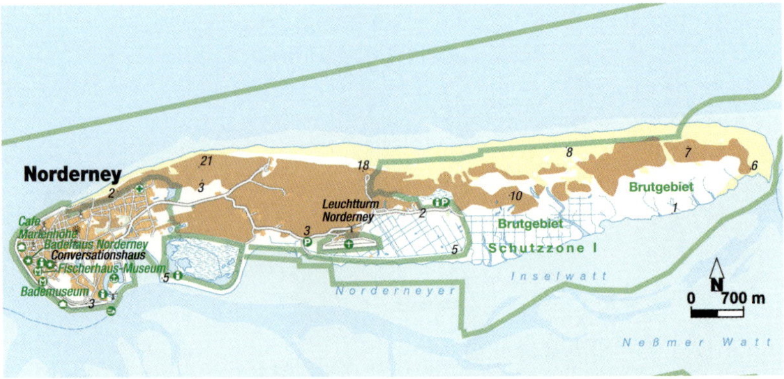

Königin Marie von Hannover, die auf der Kuppe einen Holzpavillon errichten ließ – zu Ehren des Dichters Heinrich Heine, der hier sein Lied am Meer geschrieben haben soll. Im Jahr 1923 wurde der Pavillon durch den heutigen sechseckigen Steinbau ersetzt, in dem sich ein Dünen-Café mit schöner Aussicht befindet. Viel erlebt hat auch der **GROSSE NORDERNEYER LEUCHTTURM** aus rotem Backstein. Er ist seit 1874 in Betrieb, 54 Meter hoch und hat eine Aussichtsplattform. Durch eine Glaskuppel kann man die technische Anlage sehen, zu der etwas Besonderes gehört: Die aus Frankreich stammende Leuchtfeuerlinse dreht sich links herum, anders als bei den anderen Leuchttürmen in Deutschland.

DER AUSRUFER

Der Wetterbericht wird auf Norderney noch auf ganz traditionelle Weise verkündet. Denn hier pflegt man noch den Beruf des »Ausrufers«: Ein Mann, der eine Messingglocke läutet und dann auch die neuesten Lokalnachrichten und andere interessante Dinge verkündet, etwa wo heute Abend etwas los ist. Auch Fragen von Urlaubern beantwortet der Ausrufer gern.

Zwei Museen entführen noch tiefer in die Geschichte des Seebads Norderney: Das **FISCHERHAUS**, ein Heimatmuseum im Argonnerwäldchen (nahe dem Weststrand) zeigt wie die Insulaner früher lebten. Bei Veranstaltungen wie »Teetied so gäht dat!« wird einem auch die ostfriesische

Teekultur in der Praxis nähergebracht. Die Reise- und Badekultur wiederum wird im BADEMUSEUM lebendig. Hier gibt es auch regelmäßig Sonderausstellungen.

Die nach Borkum zweitgrößte Ostfriesische Insel ist 14 Kilometer lang und bis zu 2,5 Kilometer breit. Lässt man den Hauptort Norderney im Westen hinter sich, eröffnet die Insel ein nahezu unbebautes Areal und ihre Naturschönheiten, zu denen auch ein 15 Kilometer langer SANDSTRAND gehört, unterteilt in Bereiche (von West nach Ost) für Textil, Strandsauna/FKK und Strandsegeln. Die wilden Landschaften der Dünen und Salzwiesen laden zu Spaziergängen ein, wobei man selbstverständlich auf den ausgewiesenen Wegen bleiben muss, um die Landschaft zu schützen. Höchste Erhebung ist die Walter-Großmann-Düne mit 24,4 Metern, zu finden nordöstlich der Inselhauptstadt. Auf der Möwendüne im Osten der Insel fällt ein hölzernes Konstrukt auf. Dies ist die POSTBAKE, ein Seezeichen, an dem sich einst die Postkutschen, die Post vom Festland brachten, orientierten. Ein ganz besonderer Inselbewohner ist ein weißer Hirsch. Er gehört zu einer Gruppe von Damwild, die zu Beginn der 1960er-Jahre auf Norderney ausgewildert wurde.

Erbaut im 19. Jahrhundert: die Windmühle Selden Rüst

Ein schönes Ziel nicht nur bei Regenwetter ist auch das BADEHAUS in der Stadt Norderney. Zu dem Wellness-Tempel gehört ein FAMILIEN-THALASSOBAD mit Blitz und Donner, Regendusche und Erdsauna, Bernsteinhöhle und Matschspielplatz, Wellenbad und Wattwurmrutsche.

32 Baltrum

Das Dornröschen des Wattenmeeres

Während wohl jeder Namen wie Borkum oder Norderney kennt, schlummert das autofreie Inselchen fast unbemerkt zwischen den Großen. Zu Unrecht, denn gerade für Familien ist dies ein Paradies. Die Fähre startet ab dem Festland in Nesmersiel, das einen Zwischenstopp lohnt.

»Rings umspült von Nordseewogen / liegt ein Eiland, still und klein / unterm weiten Himmelsbogen, / 's ist die liebe Heimat mein. / Kaum bekannt in weiter Ferne, / dem Dornröschenmärchen gleich, / liegt verwunschen unser Baltrum, / unser kleines Königsreich«. Diesen Gruß von Baltrum dichtete Schwester Lisbeth im ALTEN ZOLLHAUS. Das heutige Heimatmuseum diente früher als Schwesternstation. Viele Baltrumer kamen hier zur Welt, war doch der Weg zum nächsten Krankenhaus schon damals weit und es gab keinen Flugplatz wie heute. Ein Seebad wurde Baltrum im Jahre 1876, also rund 100 Jahre später als Norderney. Seit 1966 ist es ein anerkanntes Nordseeheilbad.

Ein Besuch im Museum Altes Zollhaus gewährt besondere Einblicke in die Geschichte der Insel und ihrer Bewohner, denn die Ausstellungstücke stammen von den einheimischen Familien selbst. Ein ganz besonderes Stück, dessen ganze Geschichte für kleine Kinder etwas zu schaurig sein könnte, ist das Notizbuch von Tjark Ulrich Honken Evers. Der junge Seemann wollte am 23. Dezember 1866 seine Eltern auf Baltrum besuchen und ließ sich im Nebel auf der vermeintlichen Insel absetzen. Es war jedoch nicht Baltrum, sondern nur eine Sandbank, auf der ihn dann die Flut überraschte. Wissend, dass es für ihn keine Rettung gab, schrieb er

Anfahrt: Auto: Die Fähren der Baltrum-Linie starten ab Neßmersiel; Mitnahme von Pkw nicht möglich – die Insel ist autofrei; großer Parkplatz (gebührenpflichtig) am Fähranleger vorhanden, www.baltrum-linie.de. **Flugzeug:** Die kürzeste und schnellste Luftverbindung (ca. 8 Flugminuten) besteht von Norden-Norddeich; weitere Infos zu Charterflügen und Rundflügen unter www.baltrum-flug.de oder www.inselflieger.de.
Information: Kurverwaltung Baltrum, Westdorf, 26579 Baltrum, Tel. 04939/800, www.baltrum.de

bewegende Zeilen zum Abschied an die Eltern in sein Büchlein. Dann legte er es in eine Zigarrenkiste, die später tatsächlich angetrieben wurde. Sie ging als Baltrumer Zigarrenkiste in die Geschichte ein. Im Mai 2015 wurde

Nahe dem Hafen lädt das Nationalparkhaus zur Besichtigung ein.

ihm ein Denkmal aus Sandstein gesetzt. Das von Bernd Clemenz-Weber geschaffene EVERS-DENKMAL steht am Wegesrand in Westdorf.
In Baltrum gibt es keine Straßennamen, Hausnummern genügen hier völlig. Die drei Ortsteile – Westdorf, Ostdorf und das Alte Ostdorf – betten sich in die teils sanft hügelige Landschaft. In WESTDORF befinden sich der Fähranleger, der kleine Flugplatz und die meisten touristischen Angebote, während es in OSTDORF, das hinter dem KURPARK mit Rosengarten noch mehr im Grünen liegt, noch ruhiger zugeht. Hotels, Pensionen, Ferienwohnungen und Cafés gibt es aber auch hier. Zum ALTEN OSTDORF hinter dem Friedhof gehören die ältesten und schmuck restaurierten Häuser der Insel.
Weniger als 500 Einwohner leben auf Baltrum, hinzu kommen rund 30 000 Gäste jährlich. Mit sechseinhalb Quadratkilometern ist es die kleinste der

Das Fortbewegungsmittel der Wahl hat ein oder auch mal zwei PS.

Oben: Am Strand von Baltrum kann man herrlich im Sand buddeln.

bewohnten Ostfriesischen Inseln. Sie ist fünf Kilometer lang und knapp eineinhalb Kilometer breit, was zu dem Scherz führte, der Inselname bedeute, dass man »bald rum« sei. In Wahrheit ist die Herkunft des Namens ungeklärt und die Insel erscheint viel größer, immer wieder entdeckt man etwas Neues. Pferdekutschen sind hier *das* Fortbewegungsmittel. Das Wattenmeer mit den Salzwiesen und ein Kiefernwäldchen laden zum Spazierengehen ein und ein herrlicher Naturbadestrand säumt den Inselnorden. Es fehlt dabei nicht an Standards wie Strandkorbverleih, Gastronomie und Wassersport. Verschiedene Zugänge führen durch die Dünen an die einzelnen Strandabschnitte, Richtung Ost wird es immer ruhiger. Die Westspitze indes umrahmt ein gewaltiger Küstenschutzbau: die STRANDMAUER, eine Promenade mit Aussichtsplattform.

Eine besonders schöne und für Kinder spannende Möglichkeit Baltrum zu erkunden ist der GEZEITENPFAD. Er führt als Rundweg einmal über die westliche Hälfte der Insel und dabei gibt es jede Menge zu entdecken und auszuprobieren. Einen Routenplan gibt es bei der Tourist-Info und auch auf der zugehörigen Homepage zum Download. Die insgesamt sieben Kilometer lange Tour, für die man zwei Stunden einplanen sollte, ist mit 36 Tafeln beschildert, die viel über die Geheimnisse der Gezeiten, die Geschichte der Insel, Küsten- und Naturschutz und die Entwicklung des Tourismus verraten. Darunter sind auch vier interaktive Stationen mit

Experimenten zu den Besonderheiten des jeweiligen Standortes. So kann etwa im Bereich der Dünen das Phänomen des Sandfluges und der Dünenbildung durch das Zusammenspiel von Wind und Pflanzen nachvollzogen werden.

Der Gezeitenpfad beginnt bei den Wattflächen am Hafen, führt über den westlichen Strandmauerbereich und dann einmal quer über den Strand und die Insel. Ziel ist das NATIONALPARKHAUS, das man anschließend (oder bei einem einzelnen Ausflug) noch kostenfrei besichtigen kann. Dort gibt es auch eine Gezeitensäule, an der Besucher einmal selbst Herrscher über die Konstellation von Erde, Mond und Sonne werden können.

Abwechslung für die Kinder gibt es auf Baltrum in ONNOS-KINDER-SPÖÖLHUS, einem beschaulichen Indoor-Spielplatz mit Kleinkunstbühne im Onno-Klub. Und bei Schietwetter geht es ins SINDBAD, einem Meerwasserschwimmbad mit warmer Badehöhle für die Kleinsten.

Die Fähre nach Baltrum startet ab NESMERSIEL, das sich auch für einen Zwischenstopp – oder einige Urlaubstage – lohnt. Direkt beim Fähranleger gibt es einen netten Sandstrand, ideal auch bei Wartezeit auf die Fähre. Und in der Ortschaft selbst ist unter anderem ein riesiger Indoor-Spielpark (Sturmfrei-Neßmersiel) zu finden.

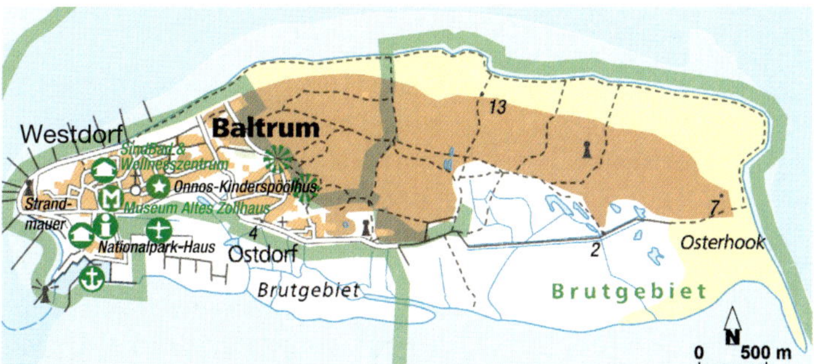

33 Dornum

Hochburg der Ostfriesenhäuptlinge

Die zur Gemeinde gehörenden Ortschaften Dornum, Dornumersiel und Neßmersiel liegen im Dreieck jeweils nur wenige Kilometer entfernt. Während die beiden Sielorte Badevergnügen bieten, kann man im Hauptort tief in die Landesgeschichte eintauchen.

Dornum war im Mittelalter eine Herrlichkeit, also ein adliger Verwaltungsbezirk, in diesem Fall von Häuptlingen regiert. Daran erinnern noch zwei prächtige Gebäude im historischen Ortskern von Dornum, beide wohl im 14. Jahrhundert erstmals errichtet durch Häuptling Olde Hero von Dornum, so ist es zumindest überliefert: das barocke WASSERSCHLOSS, auch als Norderburg bekannt, und die BENINGABURG, die zuvor Osterburg hieß. Im Mittelalter gab es mit der Westerburg noch eine weitere Burg in der Region.

Die im Jahre 1514 während der Sächsischen Fehde zerstörte Norderburg konnte 1534 wieder aufgebaut werden. Mitte des 17. Jahrhunderts kam noch ein Turm hinzu. Das schwanenweiße Schloss ist ein Hingucker mit seinen üppigen Portalen, Giebeldreiecken, Skulpturen, Sinnsprüchen und Wappen der Herrschaftsfamilien. Im Inneren ist noch der Rittersaal mit seinen figürlichen und ornamentalen Malereien zu besichtigen. Weil die Schlossanlage heute als Realschule genutzt wird, ist eine Besichtigung des Schlossplatzes (Vorburg) nur außerhalb der Unterrichtszeiten möglich (Mo bis Do ab 15.30 Uhr, Fr ab 13.30 Uhr, am Wochenende und in den Ferien ganztägig). In der Beningaburg befindet sich heute ein Hotel mit Restaurant. Von einem Wassergraben und alten Bäumen umgeben, ist auch sie schon von außen sehenswert. Im Ahnensaal hängen farbige Reproduktionen der Porträts der Häuptlingsfamilie Beninga, die die Geschichte der Burg maßgeblich prägte.

Anfahrt: Je nach Ausgangspunkt führen von den Bundesstraßen B 72 (Norden/Norddeich), B 210 (Wittmund) und B 461 (Carolinensiel) verschiedene Landstraßen in die Gemeinde Dornum.
Information: Tourist-Info im Reethaus am Meer, mit Kinderspielhaus. Hafenstr. 3, 26553 Dornum – Dornumersiel, Tel. 04933/911 10, www.dornum.de

Die Bockwindmühle ist die einzige ihrer Art in Ostfriesland und die älteste Mühle der Region.

Auch das RATHAUS von 1842 ist einen Blick wert, es gilt als eines der schönsten in Ostfriesland. In der ST. BARTHOLOMÄUS-KIRCHE (ab 1270) ist die zweitgrößte Orgel Ostfrieslands zu bewundern, geschaffen 1711 von Gerhard von Holy. Im Grabkeller ist die Gruft der Dornumer Häuptlinge zu finden. Seit einer 2011 durchgeführten Renovierung sind dort acht prächtige Särge aus dem 17. Jahrhundert durch eine Glastür einsehbar, darunter der Kindersarg der Eberhardina von Closter (1711–1712). Auch in anderen Ortsteilen der Gemeinde Dornum stehen mittelalterliche Kirchen, die meisten aus dem 13. Jahrhundert, mit einer Ausstattung von teils überregionaler kunsthistorischer Bedeutung. Eine bauliche Rarität ist die BOCKWINDMÜHLE von 1626. Es ist die einzige ihrer Art in Ostfriesland und zugleich die älteste Mühle der Region. Auf der Dornumer Sightseeing-Liste sollten auch die SYNAGOGE VON 1841 und ein Besuch im Heimatmuseum OMA-FREESE-HUUS nicht fehlen.
Die zur Gemeinde gehörenden Badeorte NESSMERSIEL (siehe auch Kapitel 32) und DORNUMERSIEL sind mit einer Entfernung von jeweils rund sieben Kilometern schnell erreicht. In Dornumersiel gibt es auch einen Ferienbungalowpark direkt hinter dem Deich, ein beheiztes Meerwasserschwimmbad, einen Fischerhafen und den Alten Hafen (Mahlbusen) mit Bootsverleih.

34 Bensersiel

Camping mit Benni Bärenstark

Wer Natur pur und einsame Ruhe sucht, ist hier fehl am Platz. Bensersiel ist ein kleines Disneyland des Wattenmeeres. Spiel und Spaß stehen hier im Vordergrund und lassen sich mit Camping verbinden. Auch eine interaktive Wattwanderung ist möglich.

Der direkt am Strand gelegene FAMILIENCAMPINGPLATZ zählt von der Bewertung her zu den besten in Europa. Fünf Sterne, und damit die höchste Punktzahl, erhielt er für das Jahr 2015 vom ADAC und dem hier kooperierenden niederländischen Automobilclub ANWB. Die Auszeichnung steht für ein vielseitiges Angebot, Qualität und Service. Auf dem Platz in Bensersiel gibt es etwa besonders familienfreundliche (und auch barrierefreie) Sanitärgebäude mit bunten Bädern für Kinder, eine große Spülküche mit Kochgelegenheit sowie einen komplett ausgestatteten Waschraum mit Waschmaschinen, Wäschetrocknern, Bügelbrett und Bügeleisen. Ob Camper oder nicht, alle Besucher, die zum Strand möchten, werden durch das STRANDPORTAL geschleust. Hier hat man am Drehkreuz auch die Kurtaxe zu bezahlen (oder einen schon vorhandenen Nachweis vorzuzeigen) und kann sich mit Infomaterialien ausstatten. Der flache Strand wirkt recht nüchtern, bietet aber viel Platz und östlich davon gibt es einige nette Plätze im Gras mit Blick auf das Hafengeschehen an der Mündung des Benser Außentiefs. Hier startet auch die Fähre zur INSEL LANGEOOG (siehe Kapitel 36).

Anfahrt: Über die Bundesstraßen B 210 (Wittmund) oder B 461 (Carolinensiel) und davon abzweigende Landstraßen
Information: Tourist-Info im Strandportal, Am Strand 8, 26427 Bensersiel, Tel. 04971/917-0; Herdetor 38-40, 26427 Esens, www.bensersiel.de

Hinter dem Strandportal grüßt schon bald Benni Bärenstark, das kindgerechte Maskottchen von Esens-Bensersiel. Es weist den Weg zu BENNIS ABENTEUERLAND, einem Indoor-Spielplatz mit Sandboden, so etwas wie ein überdachtes Stück Strand also. Auf 300 Quadratmetern warten unter anderem ein Bällebad, Höhlen zum Durchkrabbeln, eine Hängebrücke, ein Piratenschiff, ein Leuchtturm sowie weitere Spielmöglichkeiten. Gleich daneben befindet sich ein Meerwasser-Freibad mit Riesenrutsche. Bei der Zufahrt passiert man das moderne Wahrzeichen Bensersiels: Die weißen Metallkonstruktionen der DEICH-

Burgenbau einmal anders am Strand von Bensersiel.

BRÜCKEN überspannen seit 1995 die beiden Deichscharte und führen über das Sieltor. Spaziergänger können bei geschlossener Brücke hinüberlaufen und den Sielort samt Hafen überblicken. Es handelt sich um Drehbrücken mit einer lichten Höhe von vier Metern. Sie lassen sich also zur Seite schwenken, damit höhere Fahrzeuge passieren können. Nachts sind die Deichbrücken effektvoll beleuchtet.

Bei Regenwetter oder auch einfach mal zur Abwechslung bietet sich ein Besuch im nahe gelegenen ERLEBNISBAD NORDSEETHERME an, mit Kinderbadelandschaft, Familienbecken, Sauna und Wellnessbereich. In den Ferien werden auch Schwimmkurse für die Kleinen angeboten. Das

Der Strand ist vom Ortszentrum auch zu Fuß gut zu erreichen.

Erlebnisbad befindet sich auf der anderen Seite des Benser Tiefs, über das die Hauptstraße führt, im überschaubaren Zentrum von Bensersiel. Mit dem WATTENHUUS lockt um die Ecke noch eine weitere Attraktion, die zugleich äußerst lehrreich ist: Die in einem Reetdachhaus untergebrachte interaktive Ausstellung versteht sich als Umweltbildungseinrichtung, und das klingt viel trockener, als es ist. Mit einer Menge Spaß können auch die jüngsten Besucher die Lebensräume des Wattenmeers entdecken: Watt, Salzwiese und Nordsee. Dabei wird die Bedeutung des Wattenmeeres für die Tier- und Pflanzenwelt anhand von Mitmachstationen begreifbar.

FESTE IN BENSERSIEL

In Bensersiel wird auch gern mal gefeiert, etwa das Strand- und Hafenfest oder die Ostfriesische Woche. Ein Highlight ist das Lichter- und Brückenfest jährlich im Spätsommer – mit Laternenumzug und Feuerwerk. Das Amphitheater bei der östlichen Deichbrücke wird dann besonders mit Leben erfüllt.

Benni Bärenstark sorgt auch im Spielhaus Kunterbunt für Abwechslung.

Am Gezeitensimulator mit Ebbe-Flut-Becken sind die im Watt lebenden Tiere unter dem Einfluss der Gezeiten live zu beobachten. Am »Watt-Tisch« erfährt man viel über Muscheln, Würmer und Krebse und am »Seehundtisch« gibt es alle Infos zu Themen wie Nahrung, Paarung und Lebensweise der Meeressäuger. Auch ein präpariertes Seehund-Weibchen ist im Wattenhuus ausgestellt. In einem großen Nordseewasser-Aquarium tummeln sich Schollen, Strandkrabben und viele andere Tiere. Ein weiterer Teil der Ausstellung widmet sich der Vogelwelt des Wattenmeeres, den Zugvögeln und Brutvögeln an der Nordseeküste. Spielerisch lässt sich beim Vogelmemory erahnen, welche unglaublichen Fähigkeiten die Zugvögel besitzen. Anhand einer Sammlung kann man darüber staunen, wie vielfältig und einmalig Federn sind. Auch eine Speisekarte für das passende Vogel-Menü gibt es, das Besucher damit selbst zusammenstellen können. Das Interesse an neuen Medien wird an einem PC-Terminal bedient. Mit der vom Regionalen Umweltzentrum Schortens entwickelten Software »Leben im Watt« geht es auf eine interaktive Wattwanderung mit Kurzfilmen, die für Aha-Effekte sorgen.

35 Esens

Die Stadt der Bären

Meister Petz trifft man in Esens noch viel häufiger als im zugehörigen Ortsteil Bensersiel: als Denkmal aus Bronze, oft auch bunt bemalt, und als Souvenir. Denn der Bär ist hier das Wappentier. Außerdem kann man in einigen Museen staunen.

Es gibt eine Legende darüber, wie der Bär in das Stadtwappen gelangte: Im Mittelalter, Esens war von feindlichen Truppen belagert, hielt sich ein fahrender Musikant mit seinem Tanzbären innerhalb der Stadtmauern auf. Als sich die Kämpfe in die Länge zogen, weil die Festungsanlage allen Angriffen standhielt, versuchten die Gegner die sich verschanzenden Bewohner auszuhungern. Der Bär war unterdessen im Lumpenturm eingesperrt worden, in dem sonst Gesindel bei Wasser und Brot lebte. Hier gab es nur ein kleines Verlies und eine steinerne Treppe führte nach oben auf eine Plattform. Getrieben vom Hunger, soll der Bär die Treppe hinaufgestiegen sein, wo er brüllend die Brüstung des Turmes zerstörte, die Steine rausriss und auf die Feinde warf. Diese wiederum folgerten daraus, dass die Esenser noch genügend Lebensmittel hätten, um sogar einen unnützen Bären durchfüttern zu können. Sie brachen die Belagerung ab und die Stadt war gerettet. Der »heldenhafte« Bär wurde zum Wappentier erkoren. Wappen und Siegel sind seit 1540 belegt. Das Motiv zeigt auf silbernem Hintergrund einen aufrecht stehenden schwarzen Bären mit roter Zunge und goldenem Halsband, der in drohender Haltung auf einem roten Festungsturm stehend zwischen seinen beiden Tatzen einen roten Backstein hält. Zwar dürfte der wahre Hintergrund der Bärengeschichte ein anderer sein, doch als Werbefigur ist der Bär in Esens noch äußerst »lebendig«.

Bei einem Bummel durch die Stadt kann man die Bären zählen und sich zugleich noch vieles andere ansehen. So gibt es in Esens mehrere auch für Kinder spannende Museen, etwa das BERNSTEINMUSEUM im Bernstein-Huus.

Anfahrt: Über die Bundesstraßen B 210 (Wittmund) oder B 461 (Carolinensiel) und davon abzweigende Landstraßen
Information: Tourist-Info, Herdetor 38–40, 26427 Esens, Tel. 04971/917-0, www.bensersiel.de

Das Museum »Leben am Meer« zeigt, wie die Menschen hier einst wohnten.

Die Ausstellung von Siegfried von Esmarch, Experte für Naturbernstein, informiert über die Entstehungsgeschichte, die weltweiten Vorkommen und das Naturwunder Bernstein. Auch Schmuck-

HEY KIDS,
der Bär soll fast 50-mal in Esens aufgestellt sein, ob als Statue oder vor Geschäften. Wer findet die genaue Zahl heraus oder schafft es alle zu fotografieren?

stücke, Insektensteine und andere Dinge aus Bernstein werden gezeigt. Außerdem können Besucher selbst Steine bearbeiten und an Schleifkursen teilnehmen.

Um die dynamische Entwicklung der Küstenlandschaft und ihre Besiedlung geht es im MUSEUM LEBEN AM MEER, das in der restaurierten Peldemühle untergebracht ist. Veranschaulicht werden diese Themen durch archäologische Fundstücke aus dem Watt vor Bensersiel und andere Beispiele. Ein weiterer Schwerpunkt ist die Geschichte der Stadt Esens. Geräuschvoll gibt sich die Uhrmacherwerkstatt von »Hansi Tick-Tack«. Diesen Mann gab es wirklich: Es war der Spitzname von Johannes Janssen, Uhrmachermeister und ein Esenser Original. Der für das Museum zuständige Heimatverein erbte seinen gesamten Nachlass. An das Museum ist die städtische Kunstgalerie Müllerhaus angeschlossen

Sportliche können auch das TURMMUSEUM entern. Es befindet sich im Turm der ST.-MAGNUS-KIRCHE, auf den 113 Stufen führen. Belohnt wird der Aufstieg mit einem Blick über die Dächer von Esens bis zur Küste, der sich durch die Schallöffnungen bietet. Dazu gibt es eine Ausstellung zur Geschichte der größten Kirche Ostfrieslands und ihrer Gemeinde. Und noch zwei besondere Einblicke: Im ersten Obergeschoss ist das Kirchturmuhrwerk von 1873 zu bewundern und im zweiten kann man in das Innere der Rohlfs-Kirchenorgel (gebaut 1860) schauen. Weitere Sehenswürdigkeiten in Esens sind zum Beispiel das Rathaus mit seinem prunkvollen AHNENSAAL und das AUGUST-GOTTSCHALK-HAUS, ein jüdisches Gemeindehaus von 1899 mit Schulzimmer, Lehrerwohnung und Ritualbad.

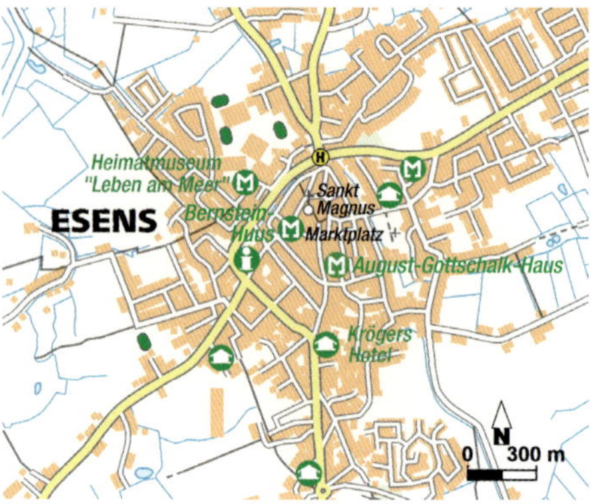

Ein ungewöhnlicher Brunnen ziert den Marktplatz: Der TIDE-BRUNNEN verrät, wie hoch gerade der Wasserstand am nahen Strand von Bensersiel ist. Das ermöglicht eine Elektronik, die das Wasser im Brunnen immer auf der gleichen Höhe einstellt. Ihn krönt eine futuristisch anmutende Metallplastik des Künstlers

Albert Sous aus Würselen bei Aachen. Sie stellt ein gebrochenes Wrack dar, das dem Spiel der Gezeiten ausgeliefert ist. Nahe der Kirche trifft man auch den Bären wieder – als Denkmal, das das Tier mit einem Stein in der Hand darstellt. Eine Schrifttafel erklärt den »Sachverhalt« des Wappentieres. Kinder können sich in Esens im Indoor-Spielpark Klabautermann austoben (siehe Schlechtwettertipps, S. 188).

HOLOGRAFIE IN ESENS

Zu Esens gehört auch die Sammlung »Holarium« mit 1000 Bildern und Holo-Design-Objekten aus mehr als 45 Jahren Holografie-Geschichte. Sie wird im 3-D-Museum am Kirchplatz ausgestellt, das derzeit geschlossen ist, weil das Gebäude sanierungsbedürftig ist. Man darf gespannt sein, wie es weitergeht. Fans von Hologrammen und 3-D-Bildern in anderen Techniken können (am besten nach Terminabsprache) das Atelier von Digi-Art, Neue Visuelle Medien besuchen. Infos unter www.holarium.de.

Auch über Friesensportarten wie Boßeln erfährt man einiges im Museum »Leben am Meer«.

36 Langeoog

Hier bleibt man topfit

Sport und Gesundheit stehen im Mittelpunkt auf der drittgrößten Ostfriesischen Insel. Umso mehr, seit Langeoog im Jahr 2014 als Thalasso-Nordseeheilbad zertifiziert wurde. Außer dem Sportstrand und vielen Aktivitäten gibt es hier natürlich auch noch anderes zu entdecken.

Wie alle anderen Ostfriesischen Inseln hat auch Langeoog etwas Eigenes. Hier ist es der unwiderstehliche Bewegungsdrang, der sich ausbreitet, sobald man angekommen ist. Es liegt wohl daran, dass viele hier aktiv sind, was ansteckend wirkt, aber bestimmt auch an den zahlreichen Möglichkeiten, diesen Drang auszuleben.

Die fast 20 Quadratkilometer große und autofreie Insel, mit 14 Kilometern Sandstrand und ihren hohen Dünen auch landschaftlich reizvoll, ist mit einem gut ausgebauten Netz aus RAD- UND WANDERWEGEN ausgestattet. Auch Reiten zählt zu den bevorzugten Aktivitäten auf der Insel. Außerdem hat Langeoog einen SPORTSTRAND. Er befindet sich am Strandübergang »Seekrug« nördlich des Inselstädtchens und ist von dort auf kurzen Wegen zu erreichen. Hier motiviert das Strandsportteam unter anderem zu Eltern-Kind-Sport, Kids-Sport, Beachsoccer, Thalasso-Beachwalking und Angeboten wie Fit in den Tag, vieles davon mit Bewegung direkt in der Brandungszone. Die Kurse sind im Kurbeitrag enthalten, man kann also jederzeit ohne Extrakosten teilnehmen. Darüber hinaus gibt es kostenpflichtige Angebote wie Zumba, Pilates oder Power-Workout. Auch Wassersport wie Kite- und Windsurfen oder Segeln, Golf und Tennis sind auf Langeoog möglich. Wie viel Wert man hier auf Gesundheit legt, zeigt sich auch daran, dass zwei Strandbereiche im Hauptbad aus-

Anfahrt: Über die Bundesstraßen B 210 (Wittmund) oder B 461 (Carolinensiel) und davon abzweigende Landstraßen nach Bensersiel zum Fähranleger; die Insel ist autofrei, den Wagen können Reisende auf einem der bewachten Parkplätze oder Garagen in der Nähe des Anlegers (gebührenpflichtig) abstellen.
Information: Tourist-Info im Rathaus, Hauptstraße 28, 26465 Langeoog, Tel. 04972/693-0, www.langeoog.de

Abseits der Ortschaft lädt die weitläufige Dünenlandschaft von Langeoog zu Wanderungen und Spaziergängen ein. Auch einige Thalasso-Therapiewege wurden auf der Insel eingerichtet.

schließlich für Nichtraucher (oder zumindest dort nicht Rauchende) gedacht sind. An diese grenzen jeweils Raucherbereiche und Hundestrände an sowie im Nordosten der Drachenstrand für buntes Windvergnügen. Dem Wort Thalasso begegnet man hier häufig. Gemeint sind damit Anwendungen und Therapien im, am und mit dem Meer, die hier eine lange Tradition haben. Mit der 2014 erteilten Zertifizierung kann sich die Insel nun ganz offiziell als Thalasso-Nordseeheilbad bezeichnen. Möglich sind unterschiedlichste Anwendungen wie etwa klassische Thalasso-Schlick- und -Algenbäder, Thalassomassagen und solche, bei denen regionale Essenzen wie Sanddorn, Strandflieder oder Rosenblüten behandelnd eingesetzt werden. Auch wurden vier THALASSO-THERAPIEWEGE für Spaziergänger und Nordic Walker eingerich-

tet, einer davon (Tour L3) ist barrierefrei. Die Anforderungen an Ausdauer und Reizwirkung der Wege ist jeweils unterschiedlich. Obendrein lernt man dabei jeweils einen Teil der Insel besser kennen, denn die Touren führen rund um den Wasserturm (L1), durch das Inseldorf (L3), beschreiben einen Rundgang zum Badestrand (L6) oder führen am Strand zur Melkhörndüne (L7). Die **MELKHÖRNDÜNE** ist mit knapp 20 Metern die höchste Erhebung Langeoogs. Sie bietet eine tolle Aussicht über die Insel, das Wattenmeer und ein Brutgebiet der Herings- und Silbermöwen.
Eine landschaftliche Besonderheit auf Langeoog ist das **FLINTHÖRN** im Südwesten der Insel. Das Wort Flint steht dabei für den Feuerstein und Hörn bedeutet so viel wie Fluthaken.
Es handelt sich dabei um ein ausgeprägtes Salzwiesen- und Dünengebiet, das durch die Anlagerung einer Sandplate entstanden ist. Das Flinthörn steht unter Naturschutz und darf nicht mehr betreten werden, doch es gibt eine Ausnahme: Der **NATURERLEBNISPFAD FLINTHÖRN** führt vom Flinthörndeich über 1,5 Kilometer zu einer Beobachtungsplattform am Dünenrand und weiter bis zum Flinthörnstrand. Infotafeln erläutern die hier vorkommenden Lebensräume. Dabei

BADESPASS BEI WIND UND WETTER

Austoben kann man sich auf Langeoog auch im mit Meerwasser betriebenen Freizeit- und Erlebnisbad mit Saunalandschaft (im Kurzentrum).

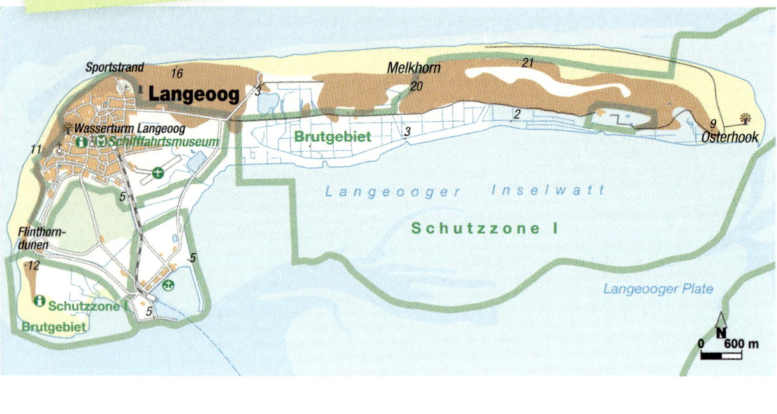

sind die Tiere und Pflanzen des Watts und der Inseln sehr schön mit vielen Bildern erklärt und beschrieben.

Dies gilt auch für den NATURERLEBNISPFAD AM OSTERHOOK am Ostende der Insel. Dort gibt es eine Beobachtungsplattform für SEEHUNDE. Am Weg zur Meierei Ostende kann man dabei noch die große Möwenkolonie besuchen, bei der seit 2015 ein neues Infohaus steht. An der VOGELKIEKERWAND sind Vögel in den Salzwiesen aus nächster Nähe zu beobachten.

Hier sind die Wege zum Strand meist kurz.

Oben: Am Ostende hat man die Insel auch mal ganz für sich.

Etwas Sightseeing gehört natürlich auch auf Langeoog dazu. Auf jeden Fall sollte man einmal auf dem WASSERTURM gestanden haben. Das Wahrzeichen der Insel bietet eine schöne Aussicht über die Ortschaft und den westlichen Inselteil (Besichtigung März bis Oktober und in den Weihnachtsferien). Auf eine spannende Seefahrt geht es im SCHIFFFAHRTSMUSEUM in der Kurstraße. Hier sind neben alten Seekarten und Uniformen auch Fundstücke wie Schatzkisten und angeschwemmtes Strandgut ausgestellt. Besonders Kindern gefällt die Lego-Ausstellung mit Langeoog im Miniaturformat. Einige Besucher zieht es auf Langeoog auch zum DÜNENFRIEDHOF mit der letzten Ruhestätte von Lale Andersen – jener Chansonsängerin, die durch die Soldatenhymne »Lili Marleen« weltbekannt wurde.

37 Neuharlingersiel

Zeitreise ins Fischerdorf

Trotz moderner Erweiterungen ist hier sofort der Geist der Seefahrt spürbar. Dazu darf man allerdings an dem idyllischen Hafen, der sich etwas im Ortskern versteckt, nicht vorbeilaufen auf dem Weg zum Badestrand. Auch einige historische Bauten lassen Vergangenes aufleben.

TIEFS UND LEIDEN IN OSTFRIESLAND

Die zu den Sielen führenden Kanäle heißen in Ostfriesland »Tief« oder auch – die kleineren – »Leide«. So sind Wasserstraßen wie das Neuharlinger Sieltief, Stuhlleide, Falstertief, Rietleide und Meyenburger Tief entstanden, die heute auch beliebte Wasserwanderwege sind.

Mit seinem von einem Verein liebevoll gepflegten KUTTERHAFEN ist dies einer der wohl schönsten Sielorte in Ostfriesland. Dabei ist er noch gar nicht mal so alt. Das Fischerdorf Neuharlingersiel wurde vor gut 300 Jahren erstmals urkundlich erwähnt. Seither hat sich das Bild ganz schön geändert, das der Tourismus mit prägte. Doch das Herzstück mit dem kleinen Hafenbecken und den bunten Booten entführt in alte Seefahrerzeiten. Krabbenkutter tuckern, Fischer flicken ihre Netze oder machen das Boot flott und sonntags singen Shanty-Chöre. Schon sich an dem kleinen Platz hinzusetzen oder einen Tee zu trinken und dem Treiben zuzusehen ist ein Erlebnis.

Wen dabei das »Fernweh« packt, der kann auch mit an Bord gehen. Im Hafen starten AUSFLUGSBOOTE etwa zu den Seehundbänken oder Touren mit den Fischern. Außerdem legt in Neuharlingersiel die Fähre nach Spiekeroog (siehe Kapitel 38) ab. Bei gutem Timing und passenden Abfahrtszeiten lohnt sich die autofreie Insel bereits für einen

Anfahrt: Über die Bundesstraßen B 210 (Wittmund) oder B 461 (Carolinensiel) und davon abzweigende Landstraßen
Information: Kurverein Neuharlingersiel e. V., Edo-Edzards-Str. 1, 26427 Nordseeheilbad, Neuharlingersiel, Tel. 04974/18 80; Kutterhafen, www.hafenfreunde-neuharlingersiel.de

Das Herz von Neuharlingersiel ist der alte Fischerhafen. Dank des Engagements des zuständigen Vereins schlägt es immer weiter.

Tagesausflug. Man kann die Schiffe auch einmal ganz anders betrachten, nämlich wie sie in eine Flasche passen. Das geht im BUDDELSCHIFF-MUSEUM am westlichen Hafenrand. Hier sind mehr als 100 Buddelschiffe in allen Größen ausgestellt: Sie stecken in Flaschen von 0,7 bis 60 Litern. Zu den originalgetreuen Modellen zählen neben den klassischen Segelschiffen unter anderem ein Einbaum und ein Atom-U-Boot. Unter den Klassikern beeindrucken besonders das Flaggschiff von Admiral Nelson, die Victory und die sinkende Titanic. Zur Ausstellung ge-

hören auch zahlreiche Bauzeichnungen, seltene Fotos und Kapitänsbilder. Außerdem gibt es jährlich wechselnde Sonderausstellungen.

Wer dem Lauf des Sieltiefs, das im Hafen in die Nordsee mündet, in der Gegenrichtung folgt, sieht nach dem Überqueren der Durchfahrtsstraße die eindrucksvolle Konstruktion des NEUHARLINGER SCHÖPFWERKS.

Am Schöpfweg führt der Weg am Kanal entlang ins Grünee, rechts liegt ein Teekontor, und schon nach wenigen Metern steht man vor einem prächtigen Gebäude in einer Parkanlage, zu dem auch eine Kapelle gehört: Der detailgetreu restaurierte SIELHOF ist ein ehemaliger Herrensitz aus dem 18. Jahrhundert. In der oberen Etage der Adelsresidenz befindet sich heute das »Haus des Gastes«. Das Gesellschaftszimmer ist nun eine Bühne für Kulturveranstaltungen wie Vorträge, Lesungen, Musik und Comedy. Auch kann man hier viel über die Region erfahren, etwa zur Küstengeschichte oder die ostfriesische Teekultur. Eine kleine Bibliothek lädt zum Schmökern ein oder auch dazu, sich Lektüre für die nächsten Urlaubstage auszuleihen. Es gibt ein Schreibzimmer, in dem Besucher etwa Ansichtskarten betexten können sowie ein Schach- und Spielzimmer mit Gesellschaftsspielen.

ANGEBOTE FÜR KINDER UND JUGENDLICHE

Im Leuchttürmchen-Club heißen die Wochentage zum Beispiel Feuerwehr-Tag oder Zirkus-Tag, und bei Schietwetter verwandelt sich der Club gerne mal in ein Spielzimmer. Zu finden ist er zwischen Tourist-Info und Bade-Werk. Die Mitgliedschaft ist kostenlos.

Im Untergeschoss der Tourist-Info treffen sich die Großen im Jugend-Club (geöffnet zu den Ferienzeiten). Hier kann man Kickern, Tischtennis spielen, neue Leute kennenlernen oder auch an einem Programm teilnehmen, zu dem etwa ein Triathlon-Tag, Geocaching oder Bernsteinschleifen gehören.

Die Dorfstraße Richtung Esens führt zur SERIEMER MÜHLE. Das denkmalgeschützte Bauwerk ist rund 200 Jahre alt und selbst im an Mühlen reichen Ostfriesland etwas Besonderes – auch wegen seiner historischen Ausstattung und Geschichte. Mehr erfährt man bei einer Besichtigung. Im alten Müllerhaus von 1844 ist eine urgemütliche Teestube untergebracht,

in der das Heißgetränk auf echt ostfriesische Art serviert wird.
Bei alldem sollte man natürlich die Nordsee nicht vergessen, die liegt in Neuharlingersiel schließlich vor der Tür und ist von einem schönen BADESTRAND gesäumt. Er unterteilt sich in rund zwei Drittel Sandstrand und ein Drittel grüner Strand. Es gibt Strandkörbe, Beachvolleyball, Wind- und Kitesurfen und auch einen Campingplatz.

Im Teekontor am Kanal bekommt man original Ostfriesenmischungen und das traditionelle Porzellan.

In der Adelsresidenz Sielhof ist heute das »Haus des Gastes« untergebracht.

38 Spiekeroog

Wo Pferde die Eisenbahn ziehen

Fragt man in der Region nach Spiekeroog, so ist meist ein verklärter Blick die Antwort: Das hübsche Dorf, und dann diese Natur ... So ist dies ein besonderes Schmuckstück in der ostfriesischen Inselkette. Natürlich autofrei und nur hier gibt es eine Museums-Pferdebahn.

Man sollte also unbedingt an die Kamera denken, es warten ohne Ende schöne Fotomotive. Eine schöne Idee ist es auch, zusammen mit dem Nachwuchs auf Motivsuche zu gehen: Wer entdeckt die hübscheste Haustür, wer den prachtvollsten Garten? Die Antworten sind allerdings nicht leicht zu finden, denn irgendwie ist hier alles so schön, angefangen bei der kleinen INSELKIRCHE aus Backstein über die gepflasterten Wege bis hin zu den farbenfroh gestalteten Friesenhäuschen. Besonders auffallend ist der hohe Bestand an alten Bäumen mit dicht belaubten Kronen, die die Ortschaften schmücken. Dass man hier Wert auf Geschmack legt, zeigt sich auch an den Boutiquen, Kunsthandwerksläden und Ateliers, die bei einem Bummel durch das Dorf zu entdecken sind.

Nostalgie kommt besonders bei einer Fahrt mit der guten alten PFERDEBAHN auf – der einzigen Eisenbahn in Deutschland, die noch von einem Pferd gezogen wird. Möglich machte es Hans Roll, ein Eisenbahnfan aus Pforzheim: Als er 1980 davon hörte, dass die traditionelle Inselbahn auf Spiekeroog eingestellt werden sollte, wurde er aktiv. Er organsierte über das Stuttgarter Straßenbahnmuseum einen offenen Sommerpferdebahnwagen aus dem Jahr 1886. So kann man nun fast ganz genauso wie anno dazumal nach Fahrplan die historische Strecke zurücklegen, die vom ehemaligen Bahnhof zum Westend führt und wieder zurück (Fahrzeit circa zwölf Minuten). Auch die historischen BADEKARREN sind auf Spiekeroog zu finden,

Anfahrt: Über die Bundesstraßen B 210 (Wittmund) oder B 461 (Carolinensiel) und davon abzweigende Landstraßen bis Neuharlingersiel, wo die Fähre ablegt; die Insel ist autofrei.
Information: Tourist-Info im Haus Kogge (Haus des Gastes), Noorderpad 25, 26474 Spiekeroog, Tel. 04976/ 919 31 01, www.spiekeroog.de

Grün und Weiß, die Farben von Spiekeroog, prägen das adrette Dorf.

Nachbauten der hölzernen Originale aus den 1920er-Jahren, die am Strand als Umkleidekabinen, Informationsstelle, Sanitätsraum oder für die Badeaufsicht dienen.

Traditionell geht es auch im INSELMUSEUM zu, das persönliche Blicke in die Vergangenheit der Insel und ihrer Bewohner gewährt. Kinder haben besonders viel Spaß im KURIOSEN MUSCHELMUSEUM im Haus Kogge (Haus des Gastes). Es präsentiert Muscheln in unzähligen Formen und Farben, jedoch mal nicht mit ihren oft staubtrockenen wissenschaftlichen Bezeichnungen, sondern hier heißen die Schalentiere zum Beispiel »Stickmuster« oder »Zugmotor«. Denn der Eigentümer sah die unglaublichen Formen, Farben oder Muster dieser Schalentiere, die ihn zu den fantasievollen Namen verleiteten.

Gegenüber vom Muschelmuseum zeigt das INSELKINO aktuelle Filme. Es wurde zur Saison 2015 mit moderner Technik ausgestattet, sodass nun auch 3-D-Filme

gezeigt werden können. Als Veranstaltungsraum im Kursaal hat es auch Darbietungen wie Lesungen, Konzerte oder Comedy im Programm.
Mit dem Wattenmeer macht das NATIONALPARK-HAUS WITTBÜLTEN im Ostteil der Insel vertraut. »Wittbülten« heißen auf Plattdeutsch die ersten Sandansammlungen, die zur Bildung einer Düne – und damit zur Entstehung einer Insel – führen. Die Dauerausstellung mit Aquarien widmet sich den Themen Gezeiten, Inselentstehung, Lebensräume der Insel sowie das Leben von Meeressäugetieren. Für Staunen sorgt besonders ein originales Pottwalskelett.
Auch die Landschaften der Insel lassen manche Münder offen stehen und laden zu Wanderungen ein. Der BADESTRAND aus feinem, hellem Sand ist 15 Kilometer lang und gesäumt von weiten Salzwiesen und kleinen

Wäldchen. Zum imposanten Dünengebirge gehört der höchste natürliche »Gipfel« Ostfrieslands: Der WITTDÜN, was schlicht Weiße Düne bedeutet, bringt es immerhin auf 24 Meter.
Treffpunkt für alle Kinder und Eltern ist das kostenfreie KINDERSPIELHAUS TROCKENDOCK – ein Indoorspielplatz mit Fischkutter, Tunnelrutsche und einem Strandraum. Dazu gibt es ein Mitmachprogramm mit Aktionen wie Pizza oder Waffeln backen, Aquarelle malen oder Speckstein bearbeiten. Zu Ferienzeiten öffnet der Circus Tausendtraum sein Zelt mit Erzähltheater, Spielfesten und Artistenworkshops für Groß und Klein. Für noch mehr Bewegung gibt es auf Spiekeroog die Mehrzweckhalle Sportdeck und das noch ziemlich neue INSELBAD & DÜNENSPA. Es wurde 2013 eröffnet und bietet einen herrlichen Blick auf die Dünenlandschaft.

Carolinensiel 39

Ein Hafenort als Museum

Hier läuft man sozusagen durch die Geschichte, denn einige Gebäude der Ortschaft und Schiffe gehören zum Deutschen Sielhafenmuseum. Carolinensiel ist über einen spannenden Rundweg verbunden mit dem Nordseebadeort Harlesiel und seinem Yachthafen.

Im Museumshafen steht eine schweigende Dame. Sie hält behutsam ein Schiff und schaut es voller Freude an. Es ist die CAROLINE, eine Bronzefigur und als Fotomotiv äußerst beliebt. Sie wurde 2005 zur 275. Jahresfeier von Carolinensiel aufgestellt. Ob sie mit der Namensgeberin des Ortes auch sonst noch etwas gemeinsam hat, ist ungewiss: Gemeint ist Sophie Karoline von Brandenburg-Kulmbach, im 18. Jahrhundert Fürstin von Ostfriesland. Der Hafen prägte den 1730 gegründeten Fischerort, bis die Zeit der Frachtsegler zu Ende ging. Dann verschlickte er zunehmend, wurde 1962 bis auf eine Entwässerungsrinne zugeschüttet und durfte ab 1986 in musealem Gewand wiederaufleben. Es liegen hier heute Schiffe wie der hölzerne Segelkutter GEBRÜDER AZ:5, mit dem man zu Fahrten ins Wattenmeer starten kann. Zu Süßwasserfahrten nach Harlesiel – und zurück – legt der Raddampfer Concordia II an. Er wurde nach einem historischen Seiten-Raddampfer benannt, der um 1850 auf der Harle verkehrte.

Ausflugsfahrt mit dem Raddampfer Concordia II

Anfahrt: Über die Bundesstraße B 461 bis Carolinensiel
Einkehr: Pizzeria Luigi, Am Hafen West 2, 26409 Wittmund, Tel. 04464/870 87
Information: Tourist-Info Carolinensiel-Harlesiel (in der Cliner Quelle), Nordseestr. 1, 26409 Nordseebad Carolinensiel-Harlesiel, Tel. 04464/94 93-0, www.carolinensiel.de; Deutsches Sielhafenmuseum, Pumphusen 3, 26409 Wittmund-Carolinensiel, Tel. 04464/86 93-0, www.deutsches-sielhafenmuseum.de

Die Klappbrücke an der Friedrichschleuse wird von einem Wärter betrieben, der bei Bedarf Segelschiffe passieren lässt.

Doch auch der Fußweg ist spannend: Der MUSEUMSWEG führt von Carolinensiel entlang der Harle über die Friedrichsschleuse mit ihrer Klappbrücke bis zum Strand in Harlesiel. Entlang der »Goldenen Linie« geht es wieder zurück. Ihr Verlauf entstand im 17. Jahrhundert als Grenze zwischen dem Fürstentum Ostfriesland und der Grafschaft Oldenburg in der Harlebucht. Der historische Rundwanderweg wurde vom Deutschen Sielhafenmuseum anlässlich des Ortsjubiläums eingerichtet. Die sieben Kilometer lange Strecke, an der auch einige Lokale zur Einkehr einladen, geleitet zu 18 geschichtlich bedeutsamen Gebäuden und Plätzen, über die jeweils Schautafeln berichten. Neunzehn weitere Tafeln informieren über allgemeinere Themen der Regionalgeschichte wie Deichbau, Fischerei oder Nordseetourismus. Eine Broschüre zu den Texten ist im Museumsshop erhältlich.

Zum SIELHAFENMUSEUM gehören außerdem vier Museumshäuser, die sich rund um den alten Hafen verteilen und jeweils spezielle Ausstellungen beherbergen: Dem »Leben an Land« widmet sich das Kapitänshaus von 1803 im Museumshafen. Es zeigt auch eine Hafenapotheke, eine Seemannskneipe, einen Kaufmannsladen und Seemannsmitbringsel. Nur ein Stückchen weiter ist die Geschichte der Siele, Häfen, Deiche und Schifffahrt im Groot Hus, einem 1840 errichteten Kornspeicher, zu erleben. Weitere Themen sind Küstenfischerei und Nordseetourismus. Auf der gegenüberliegenden Hafenseite befindet sich die Alte Pastorei. Hier geht es um maritime Handwerksberufe wie Schiffbauer, Takler, Blockmacher, Seiler und Böttcher, vermittelt von lebensgroßen Figuren. Und wer nun dem Museumsweg noch ein Stück weiter Richtung Harlesiel folgt, kommt zur Historischen Rettungsstation an der Friedrichsschleuse. Sie wurde 1865 in Betrieb genommen. Das heutige Gebäude, erbaut 1910, diente noch bis 1945 als Rettungsstation. Hier gibt es (gegen einen kleinen Kostenbeitrag) multimediale Einblicke in das Rettungswesen zu Zeiten der Ruderrettungsboote. Die Rettungsstation befindet sich bei der KLAPPBRÜCKE an der Friedrichsschleuse, die auch einen Besuch wert ist:

Ein Spaziergang am Kanalufer bedeutet Idylle pur.

Mit Glück kann man beobachten, wie die Brücke vom Wärter per Hand bedient wird, weil ein Segelschiff sie passieren möchte. Die Autos müssen dann warten. Toll für Kinder ist außerdem die Phänomania (siehe Schlechtwettertipps, S. 189).

Und noch etwas ist besonders in Carolinensiel: Hier befindet sich die wohl einzige Kirche an der Küste, die auf einem Deich erbaut wurde. Sie stammt aus dem Jahr 1776, der frei stehende Glockenturm kam sieben Jahre später hinzu. Die DEICHKIRCHE steht in der Straße Pumphusen nahe dem Museumshafen. Im Inneren hängen drei Votivschiffe – also Schiffsmodelle, die Seeleute ihrer Heimatkirche spendeten, als Dank über heil überstandene Fahrten oder auch verbunden mit einer Bitte um Schutz.

Carolinensiel ist auch ein Paradebeispiel für erfolgreiche Landgewinnung. Früher lag der Ort direkt an der Küste, als zweitgrößter Siel- und Handelshafen Ostfrieslands, den die Friedrichsschleuse vor Überflutung schützte. Nun liegt er fast zwei Kilometer landeinwärts, während der neu gewachsene Ortsteil Harlesiel den heutigen Hafen bildet. Hier befinden sich ein geschützter Bereich für Sportboote und Jachten sowie – seeseitig hinter der neuen Schleuse – der Anleger der Fähre zur INSEL WANGEROOGE. Dort gegenüber liegt der flach abfallende SANDSTRAND von Harlesiel mit Strandbar, Shop, Beachfußball- und Beachvolleyballfeld, Surfschule, Minigolfanlage und einem Abenteuerspielplatz. Auch einen Campingplatz und ein beheiztes Meerwasserfreibad gibt es.

Wangerooge 40

Vom Alten Leuchtturm ins Café Pudding

Zur östlichsten der sieben bewohnten Ostfriesischen Inseln kommt man mit der Fähre ab Harlesiel. Einige Bauwerke auf Wangerooge sind eng mit der Inselgeschichte verwoben – und der Burgen- und Badestrand ist immer in der Nähe!

Angespornt von der großen Schwester Norderney, die sich als Seebad etablierte, begann man im 19. Jahrhundert auch auf Wangerooge den Badebetrieb zu entdecken und Unterkünfte anzubieten. So entwickelte sich das heutige Alte Dorf mit Wohnhäusern auf Warften rund um den grünen Dorfplatz. Einige davon sind heute noch erhalten, genauso wie der ALTE LEUCHTTURM, der als erstes Bauwerk bereits ab 1856 sein Licht über das Meer schickte und bis 1969 in Betrieb war. Heute ist er eine der Sehenswürdigkeiten der Insel, die man besucht haben sollte – am besten gleich als Erstes, denn hier bekommt man in jeder Hinsicht einen Überblick. Der schmucke rote Turm mit weißem Kopf steht mitten im Dorf nahe dem Inselbahnhof. Der Besuch lohnt sich wegen der Aussichtsplattform und außerdem, weil man im zugehörigen LEUCHTTURMMUSEUM gleich ganz viel über die Geschichte Wangerooges erfahren kann. Die Ausstellung umfasst die Entwicklung der Insel von einer

Vom Alten Leuchtturm aus hat man eine schöne Aussicht. Ein Museum informiert über die Geschichte.

Anfahrt: Die Fähre nach Wangerooge startet ab Harlesiel, zu erreichen über die B 461 und Carolinensiel.
Einkehr: Café Pudding, Peterstr. 15, 26486 Wangerooge, Tel. 04469/220, www.cafe-pudding.com
Information: Kurverwaltung Wangerooge, Obere Strandpromenade, 26486 Wangerooge, Tel. 04469/99-0, www.wangerooge.de

Sandbank zum Nordseeheilbad und geht auf spezielle historische Momente ein wie die Postraketenversuche von Reinhold Tiling in den 1930er-Jahren oder den Bau des ehemaligen Kanonenanlegers am Platz des heutigen Fährhafens. Zu den rund 900 Exponaten gehören auch Sammlungen von Muscheln, Bernstein und Backstein, Schiffsmodelle und andere nautische Stücke.

Nach dem Museumsbesuch bietet sich ein weiterer geschichtsträchtiger Ort zum Kuchen- und Tortenschlemmen an: Der Zedeliusstraße Richtung Norden folgend, ist nach rund 500 Metern das CAFÉ PUDDING von Familie Folkerts erreicht. Der runde Bau krönt einen Dünenhügel im Zentrum der Strandpromenade. Er ist aus einem ehemaligen Bunker mit Funkmessgerät entstanden, der sich hier im Zweiten Weltkrieg befand, denn Wangerooge lag strategisch günstig vor dem Militärstützpunkt Wilhelmshaven. Nach Kriegsende pachteten die Folkerts das Gebäude mit der Auflage, dass die Wände entmilitarisiert werden müssten. Es zog eine Eismaschine ein und die Familie verwandelte den Bau zunächst in einen Kiosk für Eis und Kuchen. Daraus wurde das im Laufe der Jahrzehnte noch erweiterte Café, zu dem heute auch Ferienwohnungen und ein Kuchenladen gehören. Den Namen »Pudding« indes soll der Platz schon zuvor gehabt haben, was wahrscheinlich auf eine regionale Redewendung zurückzuführen ist: »Ich geh' mal um den Pudding« sagen die Menschen in Oldenburg und Bremen, bevor sie zum frische Luft schnappen um den Häuserblock spazieren. So eine Runde bot sich auf Wangerooge schon in alten

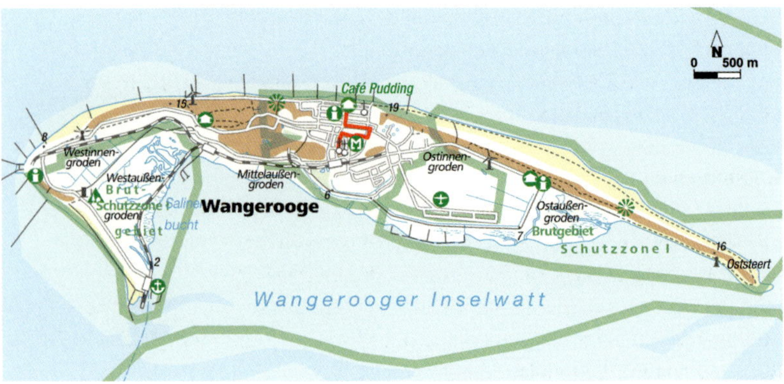

Wohl eher zufällig erinnert auch die Form des Cafés an einen Pudding.

Zeiten an: in Richtung Strand gehen, die Düne umrunden und zurück ins Dorf spazieren.

Die Wege auf der autofreien Insel sind kurz und laden auch zum Joggen und Nordic Walking ein. Wer nicht laufen möchte, kann in eine Pferdekutsche oder die Inselbahn steigen, die den Westen mit dem Dorf verbindet. Fahrräder werden natürlich auch verliehen. Im Dorf bietet sich ein Schlenker zum NATIONALPARK-HAUS in der Friedrich August-Straße an, wo Ausstellungen über das Weltnaturerbe Wattenmeer, seine Bewohner und Zugvögel informieren. Der Eintritt ist frei (Spende erbeten).

Den Norden des Dorfes säumt der feinkörnige BADE- UND BURGENSTRAND mit Strandkörben, Beachvolleyball und Wassersport. Neben den Tennisplätzen und der Dünenhalle, wo Veranstaltungen geboten werden, ist das kostenlose Kinderspielhaus »Sockenland« eine Alternative bei Regenwetter oder auch einfach mal so. Es gibt eine Kletterwand, Trampoline, Rutschen und andere Attraktionen (für Kinder von vier bis 13 Jahren geeignet). Im Promenadenbereich befindet sich außerdem das MEERWASSER-ERLEBNISBAD OASE mit einer 74 Meter langen Riesenwasserrutsche.

Der Strand setzt sich bis zum östlichen Ende der Insel fort, wo er vor der geschützten Grodenlandschaft mit den Salzwiesen liegt. Wangerooge ist außerdem zertifiziertes Thalasso-Nordseeheilbad mit einem GESUNDHEITSZENTRUM, in dem Anwendungen wie Schlickpackungen oder Meerwasser-Inhalation zur Erholung oder Therapie beitragen. Auch die Kurparks bieten sich zum Durchatmen an.

41 Wangerland

Ferienland an der Jadebucht

Der Name erinnert doch an ...? Richtig, und es ist kein Zufall, dass die Region im Nordosten Ostfrieslands fast genauso heißt wie die vorgelagerte Insel. Mit beliebten Stränden, Campingplätzen und sehenswerten Sielorten zählt das Wangerland zu den größten Ferienregionen an der Nordseeküste.

Es ist allerdings nicht so, dass das Wangerland nach Wangerooge benannt wurde, sondern verhält sich genau andersherum: Wangerooge bedeutet so viel wie »die zum Wangerland gehörende Insel«. Im Norden des Wangerlands liegt das NORDSEEHEILBAD SCHILLIG mit seinem langen Sandstrand. Von hier aus kann man bei gutem Wetter zwei weitere Ostfriesische Inseln sehen, die jedoch nicht bewohnt sind (und daher oft gar nicht erwähnt werden): MELLUM direkt neben Wangerooge und südöstlich davon MINSENER OOG. Mellum darf nur mit Sondergenehmigung betreten werden, etwa zu Zwecken der Wissenschaft. Minsener Oog wird bei Wattwanderungen ab Schillig angesteuert und ist dann teilweise zugänglich. Die Insel gilt als eines der bedeutendsten Forschungsgebiete für das Institut für Vogelforschung.

Anfahrt: Über die Bundesstraßen B 210 (Wittmund) oder B 461 (Carolinensiel) und davon abzweigende Landstraßen
Übernachtung: Familotel Friesland-Stern, Störtebekerstraße 13, 26434 Wangerland, Tel. 04426/94 50, www.friesland-stern.de
Information: Wangerland Touristik GmbH, Zum Hafen 3, 26434 Wangerland, Tel. 04426/987-0, www.wangerland.de, www.horumersiel.de

Am Strand von Schillig dagegen spielt sich das typische Badeleben ab mit einem Bereich für Hunde und einem bei Kite- und Windsurfern beliebtem Spot. Am Zugang zur Jadebucht liegend, bietet der Ort auch Aussicht auf die großen »Pötte«, die den JadeWeserPort in Wilhelmshaven (siehe Kapitel 44) ansteuern oder wieder verlassen. Diesen Blick hat man auch vom großen CAMPINGPLATZ SCHILLIG am Ostende der Ortschaft. In der Nähe befindet sich ein Kinderspielhaus.

Ungefähr zwei Kilometer südlich von Schillig bietet der Schwesterort

Herrlich: Nach einer ausgiebigen Radtour im Strandkorb relaxen. Das Wangerland ist wie geschaffen dafür.

HORUMSIEL ein grünes Stranderlebnis mit Rasen. Bei Schietwetter finden sich dort mit der FORSCHUNGSSTATION im Hafen, der FRIESLAND-THERME und einem weiteren KINDERSPIELHAUS Alternativen.

Folgt man der Straße noch weiter (circa acht Kilometer) Richtung Wilhelmshaven, ist mit HOOKSIEL gleich noch ein Badeort erreicht. Dieser blickt auf 700 Jahre Geschichte zurück, die teils noch spürbar ist, etwa bei einem Bummel durch den ALTEN HAFEN mit seinen Speicherhäusern. Für einen Schlenker durch die davon abzweigende Lange Straße gibt es gleich zwei

KURHEIM, FERIENDORF UND »JUHE«

Am Strand von Schillig gibt es auch ein Mutter-Kind-Kurheim (das DRK Nordseekurzentrum), eine Jugendherberge mit Seeblick und ein Familienferiendorf der AWO SANO (Arbeiterwohlfahrt). Letzteres richtet sich als gemeinnützige Einrichtung besonders an Familien, die bestimmte Einkommensgrenzen nicht überschreiten.

Gründe. Im **MUSCHELMUSEUM HOOKSIEL** (Lange Straße 18) sind laut Betreiber die größten und die kleinsten Muscheln und Schnecken der Welt zu sehen. Die von Georg Hempfling zusammengetragene und kunterbunt gestaltete Sammlung gehört inzwischen der Gemeinde Wangerland. Sie wurde zusammen mit weiteren sehenswerten Ausstellungen (zu den Themen Nordsee und Alt-Hooksiel) im ehemaligen Rathaus untergebracht. Auch das Gebäude verdient Beachtung: Das Dach ziert der Nachbau eines jahrhundertealten Zwiebelturms mit vergoldeter Wetterfahne und einem Luther-Schwan. Der ursprüngliche Turm soll das Geschenk eines britischen Kapitäns als Dank an eine Hooksieler Werft gewesen sein, wo sein Schiff repariert worden war. Der zweite Grund, durch die Lange Straße zu laufen, findet sich unmittelbar im benachbarten Backsteingebäude (Haus Nr. 16):

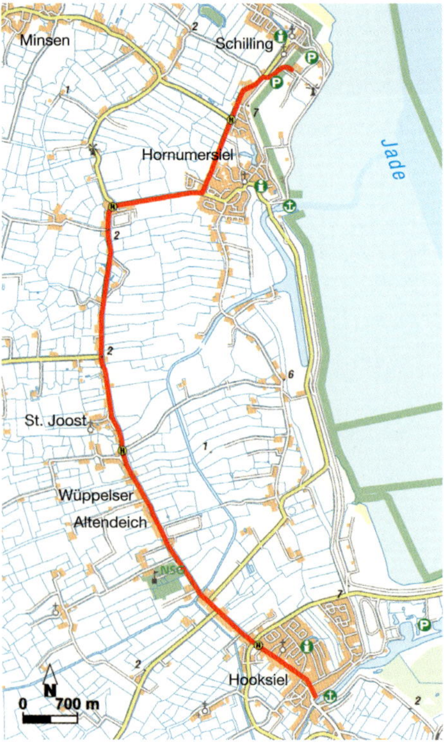

das **KÜNSTLERHAUS HOOKSIEL** mit Veranstaltungen und Ausstellungen zur Gegenwartskunst. Es ist ein Ort der Begegnung und des kreativen Schaffens und versteht sich als Teil der dynamischen Kunstszene im Weser-Ems-Gebiet. Für Kinder werden besondere Ferienangebote organisiert, wie etwa das »Kunstkarussell« mit Workshops zum Thema »Leben am und im Meer« (aktuelle Angebote siehe Homepage). Der Eintritt zum Künstlerhaus ist frei.

Und die Ortschaft hat sogar ein eigenes, kleines »Meer«: Vom Hafen aus Richtung Nordsee weitet sich der Flusslauf des Hooksieler Binnentiefs zum **HOOKSMEER**, einem Freizeitsee, der auch bei Ebbe noch voller Wasser ist – eine Schleuse verbindet es mit dem Wattenmeer. Hier gibt

Auf Gäste aller Altersstufen ist man in der Region eingestellt.

es auch eine Wasserskianlage, Möglichkeiten zum Segeln und Surfen sowie einen Tretbootverleih. Nördlich des Hooksmeeres verläuft ein rund vier Kilometer langer feinsandiger Sandstrand am Deich entlang mit Strandsauna sowie Bereichen für FKK und Hunde.

Die zentrale Ortschaft – auch räumlich gesehen – von Wangerland ist Hohenkirchen. Hier befindet sich die Gemeindeverwaltung und auch aus touristischer Sicht ist es interessant. So steht hier die wohl im 12. Jahrhundert errichtete Mutterkirche des Wangerlands mit Joachim-Kayser-Orgel und Münstermann-Altar. Für Kinder ist vermutlich eher die Nordsee Spielstadt Wangerland (Richtung Hooksiel) interessant, ein Indoor-Freizeitpark mit über 20 Kinderfahrgeschäften und Attraktionen.

42 Aurich

Erneuerbare Energien erleben

»In Aurich ist's schaurig ...«, lautet eine Floskel, doch in Wirklichkeit verhält es sich anders. Die zweitgrößte Stadt Ostfrieslands versteht sich als die wahre Metropole und »Stadt der regenerativen Energien«. Auch für den Aktivurlaub mit der Familie gibt es einige Highlights.

Aurich ist der Standort des Windkraftanlagenherstellers Enercon, dessen Fertigungshallen vom Aussichtsturm des ENERGIE-ERLEBNIS-ZENTRUMS EEZ zu sehen sind. Im Inneren des »Energieturms« können Besucher durch eine raumfüllende Projektion aus Bild und Ton die Kraft der erneuerbaren Energien spüren.

In der Dauerausstellung des EEZ wird das Thema an sieben Stationen greifbar. Los geht es mit Antworten auf die Frage »Was ist Energie?«. Dabei gilt es zunächst mit eigener Kraft eine Kugelbahn anzutreiben. Auch die Bedeutung und Auswirkungen eines Stromausfalls werden hier in Szene gesetzt. An der zweiten Station geht es um die Sonne als zentrale Energiequelle der Erde. Die dritte Station zeigt, wie Windenergie entsteht und wie eine Windkraftanlage funktioniert, während das Thema der vierten Station die Wasserkraft ist. Station Nummer fünf zeigt anschaulich, was im Inneren der Erde, die auch eine Art »Kraftwerk« ist, passiert: welche Temperaturen dort herrschen und wie hoch die Schmelzpunkte unterschiedlicher Materialien sind. Auch hier gibt es ein Mitmachexperiment und man kann Punkte für eine eigene Energiewende im Energie-Spiel sammeln. Auch der Energieträger Biomasse wird an dieser Station auf anschauliche Weise erklärt. Die sechste Station widmet sich dem Thema Klassische Energiekonzepte, wobei Besucher

Anfahrt: Das EEZ ist über die B 210 zu erreichen; der Dornumer Straße folgen, nach 700 Metern rechts in den Osterbusch abbiegen, ausreichend Parkplätze sind vorhanden.
Öffnungszeiten: Mo bis So 10–18 Uhr
Information: Energie-, Bildungs- und Erlebnis-Zentrum Aurich (EEZ), Osterbusch 2, 26607 Aurich, Tel. 04941/698 46, www.eez.aurich.de; Verkehrsverein Aurich/Ostfriesland e. V., Norderstraße 32, 26603 Aurich, Tel. 04941/44 64, www.aurich-tourismus.de

Innovativ ist schon das Äußere des Energie-Erlebnis-Zentrums.

am Rouletterad drehen können, um zu schauen, ob das Spiel mit fossilen Energien gelingt. Die letzte Station »Herausforderungen an die Zukunft« zeigt, dass der Mensch es selbst in der Hand hat, in welche Richtung es in Zukunft gehen soll.

Zum EEZ gehört auch ein Außenbereich, in dem der Wind einmal anders zu erleben ist, weil er nicht nur Kraft hat, sondern auch klingt, transportiert und bewegt. Der Innenhof zeigt Windkraftanlagen des ortsansässigen Herstellers im Vergleich: Neben dem großen, modernen Maschinenhaus einer E-115-Anlage ist ein originales Maschinenhaus einer Windkraftanlage aus dem Jahr 1984 ausgestellt. Bei dem Rundgang überrascht außerdem, was man mit Wind noch so alles machen kann.

Der Ausflug nach Aurich lässt sich mit einem Besuch des KRAXELMAXEL KLETTERWALDS verbinden: In einem Mischwald mit uralten Douglasien kann man wie Münchhausen auf der Kugel reiten, in ein Netz springen, eine Riesenleiter erklimmen oder über wacklige Holzbalken balancieren. Die größeren Kinder zieht es auch zur SKATEHALLE AURICH, nach eigenen Angaben die größte Indoor-Skatehalle in Deutschland. Hier wartet

Das Denkmal Upstalsboom steht für die friesische Freiheit. Hier, bei Aurich, befand sich im Mittelalter eine Versammlungsstätte.

DAS EWIGE MEER

Meere heißen in Ostfriesland auch einige Binnenseen, und das größte davon befindet sich rund 15 Kilometer nördlich von Aurich: Der Dornumer Straße in Richtung Westerholt folgend, gelangt man zum »Ewigen Meer«, das obendrein der größte Hochmoorsee Deutschlands sein soll. Ein Holzbohlenweg, ausgestattet mit Quiz-Tafeln für die ganze Familie, schlängelt sich durch die Moorlandschaft und entlang des Gewässers.

eine Rampenlandschaft mit 3200 Quadratmetern Fläche auf ihre mutigen Bezwinger.

An Sehenswürdigkeiten hat die 41 000-Einwohner-Stadt unter anderem ein Schloss, drei Mühlen und zwei Kirchen zu bieten. »Ostfrieslands heimliche Hauptstadt«, so eine eigene Bezeichnung, war über 400 Jahre lang als Residenz das Zentrum regionaler Politik und Kultur. Dieses Erbe pflegt das regionale Kulturparlament

Bei einem Ausflug in die Umgebung offenbart sich die Natur des »Ewigen Meeres«.

»Ostfriesische Landschaft«, ehemals der politische Verbund der ostfriesischen Stände. Das moderne Stadtbild prägt eine große Fußgängerzone, von touristischer Bedeutung ist auch die zentral gelegene PADDEL- UND PEDALSTATION AURICH. Von hier geht es mit dem Kanu durch den Ems-Jade-Kanal bis nach Emden, Ihlow oder Wiesens und zurück.
Historisch interessant wird es wieder, wenn man ein Stückchen Richtung Oldersum südwestlich von Aurich fährt. Ungefähr drei Kilometer vom Stadtzentrum Aurich entfernt zweigt im Ortsteil Rahe rechts die Straße Am Upstalsboom ab. Von dort geht es zu Fuß durch eine Allee weiter. Sie leitet zu einem Denkmal der FRIESISCHEN FREIHEIT (UPSTALSBOOM): Auf einem Hügel steht eine steinerne Pyramide. Hier befand sich im Mittelalter die Versammlungsstätte der Abgesandten der friesischen Landesgemeinden, der sogenannten »Sieben Seelande«. Sie hatten sich zu einem Bund zusammengeschlossen, um Recht zu sprechen und die Einheit und Freiheit Frieslands zu beschwören.

43 Wittmund

Das Abi der Ostfriesen machen

In den Ferien zur Schule gehen? Klar, und zwar nicht nur die Kinder. Denn in Wittmund bedeutet das, möglichst gute Noten in Fächern wie Kuhmelken, Krabbenpulen und Straßenboßeln zu erzielen. Kinder können beim »Lüttje Ostfreesen-Abitur« zeigen, was sie draufhaben.

Das gibt es wohl nur hier: Schüler vom Kleinkind bis zur Uroma verlassen begeistert den Strand, um pünktlich zur Prüfung zu erscheinen. Bereits seit 1978 können Einheimische wie Gäste in Wittmund das »Original Ostfriesen-Abitur« absolvieren. Wobei Erstere dabei natürlich zu den Klassenbesten zählen, kennen sie doch die hiesigen Sitten und Gebräuche meist schon gut genug. Für Zugezogene und Urlauber ist es die wohl beste Möglichkeit, diese kennenzulernen.

Bei der nordischen Reifeprüfung geht es nicht um angestrengtes Büffeln, sondern darum gemeinsam Spaß zu haben. Für die Erwachsenen dauert sie vier Stunden in zwei Teilen: Teil A findet im Freien statt. Dabei messen sich die Abiturientinnen und Abiturienten im ostfriesischen Nationalsport Boßeln, und zwar jeweils in den Disziplinen Straßenweit- und Straßenzielboßeln. Weitere Prüfungsfächer sind das Bessensmieten (Strauchbesenwerfen) und das Padstockspringen, wobei ein Graben zu überqueren ist. Wer sich nicht traut oder darin besser ist, kann alternativ das Balkenlaufen wählen. Es folgen das Kuhmelken mit der Kuh »Elsa« – einem treuen Modell aus Holz mit Gummieuter, der gleich H-Milch liefert. Beim »Löffeltrunk« gilt es einen Zinklöffel mit Korn (oder Wasser) gefüllt zu trinken, ihn abzuschlecken und auf eine Serviette zu legen, ohne dass diese nass wird. Dazu wird die mündliche Prüfung in Plattdeutsch abgehalten. Der zweite Teil erfolgt in einer urigen Gaststätte. Hier lernen die Absolventen etwas »Ostfrieslandkunde«, die traditionelle ostfriesische Tee-

Anfahrt: Über die Bundesstraßen B 210 (Wittmund) oder B 461 (Carolinensiel) und davon abzweigende Landstraßen
Information: Tourist-Info Wittmund, Am Markt 15, 26409 Wittmund, Tel. 04462/98 31 50, www.wittmund.de

zeremonie und üben sich schließlich in der Königsdisziplin: dem Krabbenpulen mit frischem Granat (so sagt man hier zu den Garnelen) aus der Nordsee. Dann bekommt jeder feierlich das Abschlusszeugnis überreicht, wobei Abitur-Wiederholer besonders ausgezeichnet werden. Dazu gibt es ein Glas echte »Bohnensopp«, zubereitet nach altem Hausrezept. Das Getränk hat mit einer Bohnensuppe wenig gemein: es wird aus Sultaninen, Kandiszucker und Weinbrand zubereitet und in Ostfriesland bei der Geburt eines Kindes angesetzt, um dann zur Feier der Taufe getrunken zu werden.

Für Kinder gibt es als kürzere und natürlich alkoholfreie Variante das »Lüttje Ostfreesen-Abitur« (Dauer ca. zwei Stunden) im Freien. Fächer wie das Melken von Elsa, Zielboßeln und Besenwerfen gehören genauso dazu wie bei den Erwachsenen. Als fast echte Ostfriesen macht es gemeinsam dann noch mehr Spaß, die Stadt Wittmund zu erkunden – und sich zum Beispiel die HANDS OF FAME in der Fußgängerzone anzusehen.

Hier haben sich zahlreiche Sportler, Showstars und Politiker mit Handabdrücken im Straßenpflaster verewigt.

ZEPPELINMUSEUM

Im Juni 2015 eröffnete das Robert von Zeppelin- und Fliegermuseum in Wittmund, Drostenstraße 13, am Kurt-Schwitters-Platz. Der Großneffe des legendären Luftschiffbauers steuerte dazu einige Ausstellungsstücke bei.

Nach dem erfolgreichen »Schulabschluss« bietet sich ein Bummel durch die Altstadt an.

44 Wilhelmshaven

Marine und mehr über das Meer

Die Kaiser-Wilhelmbrücke ist das Wahrzeichen der Stadt.

Es ist kaum zu übersehen, wo die Stadt am Jadebusen, der spatenförmigen Nordseebucht, ihren Ursprung hat. Hier kann man tief in die Marinegeschichte eintauchen. Am Südstrand reihen sich außerdem noch andere maritime Ziele und am JadeWeserPort geht es um Containerriesen.

Den Ortsnamen erhielt die Stadt durch König Wilhelm I. von Preußen, der hier 1869 einen Marinestützpunkt einweihte und zwei Jahre später erster deutscher Kaiser wurde. Ausschlaggebend war die vorteilhafte Lage an der Nordwestküste des Jadebusens. So ist die Geschichte Wilhelmshavens eng mit der Entstehung und Entwicklung der deutschen Marine verbunden. Noch heute ist die Stadt, die inzwischen 75 500 Einwohner und längst auch viele andere Facetten hat, der größte Marinestandort in Deutschland. So prägen auch die hier stationierten Fregatten und Versorgungsschiffe das Hafenbild und im DEUTSCHEN MARINEMUSEUM können Besucher sich über geschichtliche Hintergründe informieren. Dazu gehört auch ein Museumshafen, in dem

Anfahrt: Über die A 29, Ausfahrt B 210 Richtung WHV-Süd/Roffhausen geht es ins Zentrum; die A 29 führt im weiteren Verlauf direkt zum Jade-Weser-Port.
Übernachtung: Abseits des Stadttrubels bietet sich das nahe Wangerland (siehe Kapitel 41) an oder der Ferienpark Bernsteinsee Conneforde ca. 32 Kilometer südlich von Wilhelmshaven, www.ferienpark-bernsteinsee.de.
Information: Tourist-Info, Bahnhofstraße 10, 26382 Wilhelmshaven, Tel. 04421/913 00-0, www.wilhelmshaven-touristik.de

Zentral mit Blick auf das Wassergeschehen: am Südstrand von Wilhelmshaven, der neben grünen auch sandige Bereiche hat

unter anderem ein ehemaliger Zerstörer, ein Minenjagdboot und ein Unterseeboot zu besichtigen sind.
Die Nähe zum Meer und erweiterte Bedeutung der Hafenstadt spiegeln sich auch in anderen Sehenswürdigkeiten wider, wie etwa dem KÜSTENMUSEUM mit Geschichten über Sturmfluten, Deicharbeiter, Häupt-

Vor dem Aquarium Wilhelmshaven steht das passende Denkmal. Vergleichbar Lebendiges gibt es innen zu sehen.

linge, Piraten, Schiffe, Kaiser und Masken oder dem AQUARIUM WILHELMSHAVEN, zu dem auch ein Urzeitmuseum gehört. Das Aquarium bietet mit BULLERMECK'S Kinder-Spielpalast außerdem einen Bereich, in dem die Kleinen sich austoben können – durch ein Labyrinth aus Fischernetzen klettern, ein gestrandetes Piratenschiff entern und durch ein Bällebad zurück an Land schwimmen. Im UNESCO-WELTNATURERBE WATTENMEER BESUCHERZENTRUM ist unter anderem eine Walausstellung zu bestaunen mit dem 14 Meter langen Skelett eines vor der Insel Baltrum gestrandeten Pottwals. In seinem Inneren hängen sogar die Organe wie Herz und Lunge, plastiniert von dem durch seine »Körperwelten« bekannten Unternehmer Gunther von Hagens.

All diese Ziele liegen am SÜDSTRAND und der gleichnamigen Straße nah beieinander. Damit lassen sie sich auch gut mit einem Promenadenbummel oder Badespaß verbinden. Der schmale Strand hat grüne Liegeflächen und sandige Bereiche, auch Strandkörbe stehen bereit. An den Gründer Wilhelmshavens erinnert noch die aufklappbare KAISER-WILHELM-BRÜCKE auf der Binnenseite des Hafens (1906/07). Auf der anderen Hafenseite schließt sich der Bontekai mit der NORDSEEPASSAGE an, einer modernen Shoppingmeile.

Wilhelmshaven macht auch mit dem JADEWESERPORT von sich reden, einem der größten Investitionsvorhaben Norddeutschlands: Im September 2012 wurde er als bislang einziger deutscher Tiefwasserhafen mit einer Wassertiefe von 18 Metern in Betrieb genommen, sodass auch die weltgrößten Containerschiffe unabhängig von den Gezeiten abgefertigt werden können. Ein interaktives BESUCHERZENTRUM informiert über Themen wie Hafenbau und -betrieb und die Containerschifffahrt (nördlich der Innenstadt, direkt zu erreichen über die A 29).

45 Bremerhaven

Eine Klimareise um die Welt

In den Nordseeferien auch einmal ganz andere Länder sehen und dabei die Klimazonen von der Wüste bis zur Antarktis erleben – das geht im Klimahaus, das seit 2009 die Bremerhavener Havenwelten bereichert. Und diese haben auch noch einiges mehr zu bieten.

Der Musiker Bob Geldof, der zur Eröffnungsfeier kam, bezeichnete das KLIMAHAUS in seiner Rede als »Liebesbrief an unseren Planeten«. Hier geht es auf eine Reise durch einmalige Landschaften wie die Wüste in der Sahelzone, das Packeis der Antarktis und das Südseeparadies Samoa, insgesamt an neun Orte, die sich auf die verschiedenen Kontinente verteilen. Die Expedition führt entlang des achten östlichen Längengrads einmal um den Globus. Dabei sind die aufwendig gestalteten Landschaften mit allen Sinnen zu erleben, mit ihren Gerüchen, Geräuschen und den jeweiligen klimatischen Bedingungen. Die »Reisenden« begegnen dabei auch Menschen aus den jeweiligen Regionen. Diese erzählen in kurzen Dokumentarfilmen, wie ihr Alltag durch das Klima in ihrer Heimat geprägt ist.

Im Ausstellungsbereich »Perspektiven« wird auf die aktuellen Fragen zum Zustand der Erde eingegangen. Hier dreht sich alles um den Klimawandel in der Vergangenheit, Gegenwart und Zukunft. Im Bereich »Chancen« können Besucher erfahren, was jeder Einzelne konkret zum Klimaschutz beitragen kann. In Themenkammern kann man spielerisch testen, wie die eigene CO_2-Bilanz aussieht, dazu gibt es einfache Tipps, die sich leicht im Alltag umsetzen lassen. Das zugehörige Offshore Center zeigt, wie Windkraftanlagen auf hoher See geplant, gebaut und betrieben werden.

Anfahrt: Auf der A 27 bis Abfahrt Bremerhaven Zentrum, dann über das Parkleitsystem Richtung Havenwelten; das Parkhaus Havenwelten befindet sich direkt unter dem Klimahaus.
Öffnungszeiten: Klimahaus April bis August Mo bis Fr 9–19 Uhr, Sa, So, Feiertag 10–19 Uhr, September bis März täglich 10–18 Uhr
Information: Bremerhaven Touristik & Tourist-Infos, H.-H.-Meier-Straße 6, 27568 Bremerhaven, Tel. 0471/ 41 41 41, www.erlebnis-bremerhaven.de; Klimahaus Bremerhaven 8° Ost, Am Längengrad 8, 27568 Bremerhaven, Tel. 0471/90 20 30-0, www.klimahaus-bremerhaven.de

Begehbare Dose: Die Ausstellung bietet auch viel für das Auge.

Das Klimahaus befindet sich mitten in den HAVENWELTEN BREMERHAVEN, einem maritimen Tourismuszentrum, zu dem auch die Shoppingmeile Mediterraneo, das Atlantic Hotel Sail City und ein Yachthafen (die Lloyd Marina) mit Wohnraum am Deich gehören. Außerdem sind hier weitere zum Thema passende Sehenswürdigkeiten angesiedelt: Das DEUTSCHE AUSWANDERERHAUS, der ZOO AM MEER, das DEUTSCHE SCHIFFFAHRTSMUSEUM, das U-BOOT WILHELM BAUER und das HISTORISCHE MUSEUM BREMERHAVEN. Neu hinzugekommen ist die Ausstellung »Expedition Nordmeere – Fischereiwelten Bremerhaven«. Rund zwei Kilometer südlich der Havenwelten, kurz vor dem Fischereihafen, befindet sich mit dem PHÄNOMENTA SCIENCE CENTER noch ein schönes Ziel für die ganze Familie – mit Naturwissenschaften zum Anfassen.

46 Cuxhaven

Mit Flipper zur Insel Neuwerk

Cuxhaven vereint gewissermaßen drei Bundesländer: Es zählt zu Niedersachsen, grenzt jedoch auch unmittelbar an das Schleswig-Holsteinische Wattenmeer, und die vorgelagerte Insel Neuwerk gehört zu Hamburg und zum Nationalpark Hamburgisches Wattenmeer.

So liegt der Küstenort also schön mittendrin und ist auch ideal für einen Zwischenstopp auf einer Nordseereise. Viele Besucher kommen, um einen Ausflug nach NEUWERK zu unternehmen. Bei Ebbe kann man die Insel sogar zu Fuß erreichen. Doch auch wenn hier viele ohne Wattführer laufen: Die Gefahren werden oftmals unterschätzt, so kann Seenebel auch äußerst plötzlich auftreten, und dann fehlt ohne Kompass jegliche Orientierung. Daher sollte man sich aus Sicherheitsgründen immer erfahrenen Wattläufern anschließen, Touren werden vor Ort angeboten. Die Strecke hat es in sich, sie beträgt ab Sahlenburg etwa zehn Kilometer (mindestens drei Stunden Gehzeit) und ab Duhnen zwölf Kilometer (3,5 Stunden). Eine bequeme Alternative ist die Fahrt mit dem Wattwagen, einer Pferdekutsche, oder der Fähre Flipper, die gezeitenbedingt oft nur einmal täglich verkehrt.

Die drei Quadratkilometer große Insel hat rund 40 Bewohner und lässt sich in einer guten Stunde umrunden. Sehenswert sind der LEUCHTTURM aus rotem Backstein mit seiner Aussichtsplattform und der FRIEDHOF DER NAMENLOSEN, auf dem Schiffbrüchige bestattet wurden. Auch gibt es einige Einkehrmöglichkeiten und Ferienunterkünfte auf Neuwerk und es sind

Anfahrt: Über die A 27 ab Bremerhaven oder die Bundesstraße B 73 ab Stade oder Bremerförde; zwischen den verschiedenen Stränden verkehrt die Jan-Cux-Strandbahn.
Information: CUX-Tourismus GmbH, Cuxhavener Straße 92, 27476 Cuxhaven, Tel. 04721/404-200, www.tourismus.cuxhaven.de, mit Zweigstellen in den jeweiligen Ortsteilen; Überfahrt nach Neuwerk: Das Schiff »Flipper« der Reederei Cassen Eils fährt täglich von der Alten Liebe nach Neuwerk, Infos unter Tel. 04721/32211 oder www.helgolandreisen.de; Wattwagen: Mehrere Anbieter vor Ort und auf Neuwerk, zu erfahren auch über die Tourist-Info.

Kleinode zu entdecken wie ein Badehaus, in dem man sich umziehen kann, und die Bernsteinsammlung eines pensionierten Insellehrers. Nur Sandstrand gibt es nicht, dafür jede Menge Watt.

Cuxhaven wiederum hat in fünf Ortsteilen ganz ansehnliche Strände zu bieten, mit Strandkorbverleih und teils abgegrenzten, beaufsichtigten Badebereichen (Bojenbädern). Ganz im Norden der Landspitze liegt der besonders lange Sandstrand von DUHNEN mit seiner Kurpromenade und einem Thalassozentrum. Der Strand in DÖSE weist zwischen Dünenstreifen und Deich einen grünen Strand auf, zwischen Dünen und Meer verläuft ein Sandstrand. In SAHLENBURG befindet sich ein Sandstrand mit einem natürlichen Dünenstreifen, dahinter erstreckt sich der Grünstrand. Und entlang der Bucht von GRIMMERSHÖRN erstreckt sich ein Grünstrand, von dem aus man gut das rege Treiben in der Elbmündung beobachten kann – einem Weltschifffahrtsweg. Letzteres gilt auch für den Grünstrand im noch weiter elbeaufwärts gelegenen ALTENBRUCH.

Für die »Alte Liebe« ist Cuxhaven berühmt.

Oben: Der Leuchtturm hat auch eine Aussichtsplattform.

Ein bekannter Name in Cuxhaven ist die »Alte Liebe«. Der 1733 erbaute, zweistöckige Schiffsanleger und Wellenbrecher mit seinen weißen Geländern ist eine beliebte Aussichtsplattform, an der die großen Pötte aus aller Welt vorbeiziehen. Ein Schiffsansagedienst informiert über die Größe und Herkunft der Ozeanriesen. Von der Alten Liebe legen auch die Schiffe in Richtung der Inseln Neuwerk und HELGOLAND ab sowie AUSFLUGSSCHIFFE zu den Seehundsbänken.

Was Sie trotz Kindern gesehen haben müssen

47 Johannes a Lasco Bibliothek

Diese älteste Bibliothek Ostfrieslands (gegründet 1559) befindet sich in der Ruine der ehemaligen Großen Kirche, der Moederkerk, Emdens, die 1949 zerstört und teils wiederaufgebaut wurde. Sie birgt einen wertvollen historischen Buchbestand, eine enzyklopädische Sammlung durch alle Wissenschaftsgebiete und die Emder Bibel. Einige besondere Schätze aus

Das Friesische Brauhaus zu Jever mit Brauereimuseum kann man besichtigen.

dem Buchbestand sind im zugehörigen Museum der Öffentlichkeit zugänglich, außerdem finden sich dort zahlreiche Exponate aus der Geschichte des reformierten Protestantismus. In kleinen Kabinetten werden Sonderausstellungen zu christlich-regionalen Themen dargeboten.
Interessant ist auch die Kirchenruine selbst als historisch bedeutsamer Ort der Stadt- und Landesgeschichte. So befindet sich hier unter anderem das Grabmal der ostfriesischen Grafen im Südschiff, das wohl im 16. Jahrhundert von Cornelis Floris de Vriendt geschaffen wurde.
Öffentliche Führungen finden von April bis Oktober sonntags um 14.30 Uhr statt. Individuelle Führungen nach Voranmeldung. Auch gibt es an diesem ungewöhnlichen Ort Konzerte und andere Kulturveranstaltungen. Mehr Infos unter: www.jalb.de.

48 Kunsthaus Norden

Als »Kunstkreis Norden« im Jahr 1975 gegründet und 1976 als gemeinnütziger Verein eingetragen, macht der Kunstverein Norden e. V. hier Originale aus der zeitgenössischen Kunst und der klassischen Moderne interessierten Besuchern zugänglich. So gibt es immer wieder große Ausstellungen – rund acht pro Jahr – in den Räumen des Kunsthauses oder der Kreisvolkshochschule (KVHS). Auch ein Forum für junge Künstler und eine Sommerakademie wurden geschaffen.
www.kunstverein-norden.de

49 Stadt Jever

Den Namen kennt man doch, durch ein gewisses, herbes und hopfenhaltiges Getränk ... So ist hier natürlich das Friesische Brauhaus mit Brauereimuseum zu besichtigen. Passend dazu bietet die Stadt Kneipenführungen an. Diese hat aber kulturell auch noch einiges im Programm, besonders das Schloss Jever mit seinem weithin sichtbaren Zwiebelturm (das durchaus auch für Kinder spannend sein kann) und weniger bekannte Schätze wie die Friesische Blaudruckerei. Natürlich ist man in Jever auch auf Familien eingestellt mit Freibad, Kino & Co., sodass sich auch für den Nachwuchs etwas findet, während die Eltern der Braukunst oder anderer Kultur frönen. Mehr Infos unter: www.stadt-jever.de.

Schlechtwettertipps

50 Abenteuerland Okidoki

Wenn es in Emden stürmt, regnet oder schneit, geht es ins Okidoki. Hier warten unter anderem ein Piratenschiff, eine Kartbahn, ein Trampolin und ein Wabbelberg darauf erobert zu werden. Für Kleinkinder gibt es einen eigenen Bereich. Schön und budgetschonend für Familien ist, das man sich selbst Speisen und Getränke mitbringen kann (gegen ein »Korkgeld« von 1,50 Euro pro Person, nur Fremdgastronomie nicht gestattet, bitte eigene Teller, Bestecke und Becher mitbringen). Es gibt aber auch eine Gastronomie vor Ort mit Nuggets und anderem, was Kinder gern mögen. *www.okidoki-emden.de*

Im Klabautermann kann man auch ein Schiff entern

51 Indoor-Spielpark Klabautermann

Auch in Esens kommt bei Schietwetter keine Langeweile auf ... Zu dem Indoor-Spielpark gehören ein Spielschiff, ein Klettervulkan mit 15-Meter-Tunnelrutsche, eine Gokartbahn mit Elektrofahrzeugen, eine Trampolinanlage und weitere Attraktionen. Außerdem steht hier Norddeutschlands wohl größter Multiaktionsturm mit Softball-Schießanlage, Rutschen und jeder Menge Klettermöglichkeiten. Es gibt Billard, Kicker und Minigolf sowie ein Multiaktionsfeld für Fußball, Basketball, Volleyball oder Hockey. Die Kleinkinder können sich in ihrem Bereich mit Bällebad, Rutsche, großen Legosteinen und Klettermöglichkeiten austoben. *www.klabautermann-spielpark.de*

In der Idylle verstecken sich physikalische Phänomene

52 Phänomania Carolinensiel

Auf kleine oder auch schon größere Forscher wartet im alten Bahnhof von Carolinensiel eine Entdeckungstour durch die Welt der physikalischen Phänomene. So kann man mit dem Trabi-Heber locker mal ein Auto anheben, die eigenen Kräfte am Flaschenzug messen und im Astronautentrainer seine Tauglichkeit für die Weltraumfahrt testen. Insgesamt sind es mehr als 80 Stationen. Das Anfassen und Ausprobieren der Ausstellungsstücke ist hier ausdrücklich erlaubt! *www.phaenomania-carolinensiel.de*

Register

Impressum

Verantwortlich: Sabine Klingan
Redaktion: Christian Schneider
Layout und Piktogramme: Eva-Maria Klaffenböck
Repro: Cromika, Verona
Kartografie: Bruckmann Verlag GmbH, Heidi Schmalfuß
Herstellung: Miriam Tönnes
Printed in Italy by Printer Trento

★★★★★

Sind Sie mit diesem Titel zufrieden? Dann würden wir uns über Ihre Weiterempfehlung freuen. Erzählen Sie es im Freundeskreis, berichten Sie Ihrem Buchhändler, oder bewerten Sie bei Onlinekauf. Und wenn Sie Kritik, Korrekturen, Aktualisierungen haben, freuen wir uns über Ihre Nachricht an den Bruckmann Verlag, Postfach 40 02 09, D-80702 München oder per E-Mail an lektorat@verlagshaus.de.

Unser komplettes Programm finden Sie unter www.bruckmann.de

Alle Angaben dieses Werkes wurden von der Autorin sorgfältig recherchiert und auf den neuesten Stand gebracht sowie vom Verlag geprüft. Für die Richtigkeit der Angaben kann jedoch keine Haftung übernommen werden.

Autorenempfehlung
Sie sind auf der Suche nach weiterführender Literatur? Dann empfehle ich Ihnen den Titel »99 x Nordsee wie Sie sie noch nicht kennen«. Oder Sie werfen einen Blick in die Zeitschrift »Bergsteiger«. Hier werden Sie bestimmt fündig.
Ihre Christine Lendt

Bildnachweis: Alle Bilder im Innenteil und auf der Umschlagrückseite stammen von der Autorin mit folgenden Ausnahmen:
S. 20: Shutterstock/canadastock, S. 21 u.: Fotolia/Blickfang, S. 23: Shutterstock/Michael Thaler, S. 44: E.ON SE; S. 84: Steinzeitpark Diethmarschen, Altersdorf; S. 86 ff; S. 92: Sabine Lubenow/Look-foto; S. 101: Konrad Wothe/Look-foto; Ulf Böttcher/Look-foto; S. 107: Ulf Böttcher/Look-foto; S. 178: Karl Johaentges/Look-foto; S. 188: Klaubautermann, Essens; S. 189: Phänomania Carolineninsel
Umschlagvorderseite: Oben: Fotolia/MAK; Unten von links nach rechts: Shutterstock/Konrad Weiss; Shutterstock/Bildagentur Zoonar GmbH; Fotolia/Claudia Paulussen
Seite 1: In Sankt Peter-Ording geht es am Himmel meist bunt zu.
Umschlagrückseite: Am Strand von Sankt Peter-Ording

Die Deutsche Nationalbibliothek verzeichnet diese Publikation in der Deutschen Nationalbibliografie; detaillierte bibliografische Daten sind im Internet über http://dnb.d-nb.de abrufbar.

ISBN 978-3-7654-8826-9